和谐校园文化建设读本

如何掌握中学生的心理活动

于红梅/编著

吉林教育出版社

图书在版编目(CIP)数据

如何掌握中学生心理活动 / 于红梅编著. 一长春:吉林教育出版社，2012.6（2023.2重印）

（和谐校园文化建设读本）

ISBN 978-7-5383-8994-4

Ⅰ. ①如… Ⅱ. ①于… Ⅲ. ①中学生一心理健康一健康教育 Ⅳ. ①G479

中国版本图书馆 CIP 数据核字(2012)第 116109 号

如何掌握中学生心理活动

RUHE ZHANGWO ZHONGXUESHENG DE XINLI HUODONG　　于红梅　编著

策划编辑　刘　军　　潘宏竹

责任编辑　张　瑜　　　**装帧设计**　王洪义

出版　吉林教育出版社(长春市同志街 1991 号　邮编 130021)

发行　吉林教育出版社

印刷　北京一鑫印务有限责任公司

开本　710 毫米×1000 毫米　1/16　　**印张**　12.5　　**字数**　159千字

版次　2012 年 6 月第 1 版　　**印次**　2023 年 2 月第 3 次印刷

书号　ISBN 978-7-5383-8994-4

定价　39.80 元

总序

千秋基业，教育为本；源浚流畅，本固枝荣。

什么是校园文化？所谓“文化”是人类所创造的精神财富的总和，如文学、艺术、教育、科学等。而“校园文化”是人类所创造的一切精神财富在校园中的集中体现。“和谐校园文化建设”，贵在和谐，重在建设。

建设和谐的校园文化，就是要改变僵化死板的教学模式，要引导学生走出教室，走进自然，了解社会，感悟人生，逐步读懂人生、自然、社会这三本大书。

深化教育改革，加快教育发展，构建和谐校园文化，“路漫漫其修远兮”，奋斗正未有穷期。和谐校园文化建设的研究课题重大，意义重要，内涵丰富，是教育工作的一个永恒主题。和谐校园文化建设的实施方向正确，重点突出，是教育思想的根本转变和教育运行机制的全面更新。

我们出版的这套《和谐校园文化建设读本》，既有理论上的阐释，又有实践中的总结；既有学科领域的有益探索，又有教学管理方面的经验提炼；既有声情并茂的童年感悟；又有惟妙惟肖的机智幽默；既有古代哲人的至理名言，又有现代大师的谆谆教诲；既有自然科学各个领域的有趣知识；又有社会科学各个方面的启迪与感悟。笔触所及，涵盖了家庭教育、学校教育和社会教育的各个侧面以及教育教学工作的各个环节，全书立意深邃，观念新异，内容翔实，切合实际。

我们深信：广大中小学师生经过不平凡的奋斗历程，必将沐浴着时代的春风，吸吮着改革的甘露，认真地总结过去，正确地审视现在，科学地规划未来，以崭新的姿态向和谐校园文化建设的更高目标迈进。

让和谐校园文化之花灿然怒放！

本书编委会

目 录

第一章　了解中学生

第一节　青春期女孩的心理特征

青春期，是女孩们一生当中最初的、也是重要的转折点，是影响她们的身心健康发展的重要时期。思想决定行为，研究她们的心理特点，有助于我们理解这个阶段女孩的种种行为举止，从而有意识地进行引导。在这一节当中，我们将与您一起探讨青春期女孩的基本心理特征。

1. 独立自主意识激增

有位母亲经常抱怨：女儿长大了，不听话了。她指责女儿种种的不是：不愿再穿母亲给她精心挑选的衣服，却坚持要穿自己买的"奇装异服"上学；放着好好的知识栏目不看，却沉迷于各种所谓"垃圾节目""肥皂剧"；书房一向是母亲帮着整理的，女儿却突然在门口挂起了"闲人勿扰"的牌子。尤其让她气愤的是，女儿和她口角不断，动不动就指责她：妈妈，你OUT(落伍)了，太不了解我了！甚至动不动就夺门而出。母亲很纳闷：难道作为一个母亲，对女儿的了解还能少吗？

进入青春期的女孩，随着与外界接触、交往的增多，对社会与自然逐渐有了自己的了解与认识，初步形成了一定的价值观和人生观。因此，她们极其渴望自己的想法能够得到认同，希望在很多事情上能够自己做主，希望自己的人格能够得到尊重。这本来是体现自我价值的第一个阶段，无可厚非，可是家长们却常常缺乏了解，对自己的女儿缺乏自信，经常是大事小事一手包办，不给孩子任何发挥的余地。这样的结果却常常是一番苦心付之东流，孩子不但不感激，反而处处抵触。

相反，凡事让孩子任性而为，会引起更可怕的后果。一名富商的女儿由于自幼父母离异、父亲工作繁忙，而缺乏父女间的沟通与了解。父亲只知道一味提供安逸的物质条件，不仅造成女儿出手阔绰、追求奢华的不良生活作风，更使得她因此结交了一些社会上的不良青年，最终沉迷毒瘾、无法自拔。青春期的女孩，很多想法尚不成熟，很难抵抗各种不良诱惑，缺乏正确的引导，她们在现实社会中将举步维艰，很快陷入歧途。

家长和老师应针对青少年独立意向的发展，尊重他们正确的意见，有事同他们商量，逐渐给他们更多的独立权利，同时也对他们提出更高的要求，帮助他们正确地发展其独立性，培养他们的独立能力。少一些牢骚，多一些信赖，再加上正确的引导，相信“叛逆”的女孩越来越少。

2. 情感十分脆弱

曾经有一名女生，相貌姣好，学习优良，一度被评选为“班花”。可是一年之后，这个女生成绩一落千丈，也不再参加曾经热衷不已的文体活动，前后判若两人。若干年后的同学聚会上被问及此事，女孩苦涩地笑了：“我一向觉得自己的嘴太大了，不好看，那天早上进教室的时候，一个最调皮捣蛋的男生站起来对我喊：‘大嘴婆，丑死了！’……”众人皆愕然，因为当初虽然一阵哄笑，却没人把这事放在心上，没想到：这样一件小事，能影响一个女孩的一生。

青春期的少女思维敏捷，感情丰富，富于想象。她们开始逐渐关注自己的衣着相貌、一言一行，希望得到别人的认可，对批评与辱骂有着过分的敏感，不懂如何面对指责与讥笑。她们小心地维护着自己脆弱的自尊，却对突然的打击不知所措。女性的“小心眼”在这个阶段表现得尤为突出。呵护女孩，应从细节做起！

3. 好奇心增强

随着外界的大门一步步地敞开，正处于求知欲顶峰的年轻女孩们的好奇心也不知不觉地膨胀了。这种心理状态使少女很容易受别人影响，从而增大了青春自控力低的危险性。

应该把对少女的担忧变成了解、理解和关心，培养和发扬她们的优点，如思维敏捷、对新生事物敏感、勇敢、热情、有朝气、积极向上等。家长和老师要帮助她们树立远大理想，培养健康的心理状态，使她们身心健康发展，顺利度过青春发育期。

4. 热衷于模仿

一个女生自称是某歌星的“铁杆歌迷”，时值毕业升学这样的“关键时刻”，她却一本本地买进各种与该歌星有关的书籍、光盘。父母看在眼里，急在心头，而最近的一件事情更让他们心灰意冷：该歌星到某市举行个人演唱会，女儿在未告知家长的情况下孤身前往，冒雨淋了一夜，只为见偶像一面，结果回来还高烧不退。这样的事情，正常吗？

为什么“青春偶像”在少女群体中得以大行其道？我们在感慨娱乐事业的欣欣向荣、明星偶像层出不穷、消费市场缺乏整顿的同时，应该考虑到青春期的一大特点就是追逐潮流、热衷模仿。高度的好奇心与旺盛的精力不仅使她们易于接受新事物，更让她们乐于模仿，并以此为潮流。

然而，判断力的缺乏，使女孩们容易被外表迷惑，转向追求外在美，而忽略更为重要的内在美。帮助她们树立积极向上的榜样，不仅不会影响她们的健康成长，而且有助于她们在向偶像看齐的过程中不断端正自身态度，完善自身品格，有利于早日成才。

5. 群体观念增强

女孩在独处时，易产生受胁迫感。她们常感到在群体当中有一种安全感。因此，她们的言行、爱好、衣着打扮都互相影响，信任伙伴胜过信任家长和老师，她们互相倾吐内心的秘密和苦恼。

大多数女孩，都或多或少拥有一些“闺中密友”。只要交友得当，有利于在互相倾诉中舒缓压力，互相鼓舞。而且我们也发现：乐群的女孩比孤僻的女孩更容易走出困境，更不容易产生偏激的看法与行为。父母和老师应关心她们交朋友的情况，并敏锐地发现问题，及时进行疏导。

第二节　青春期女孩易患的心理困扰

青春期是人的心理变化的巨大转折时期。在青春的旅途上，少女们将面临许多新问题，经受许多新考验。她们将会为自己身体的急剧变化而困扰，而忧虑；她们将承受来自各方面的压力，寻找自己的价值所在，承担社会赋予的责任；她们将要逐渐摆脱受人保护这一角色，面对形形色色的社会，作出自我选择，并随时经受挫折及失败的考验；她们要开始重新审视自己，审视周围的环境和周围的人，处理好人与人之间的矛盾和冲突，建立新的人际关系；她们要接受感情的困扰，为亲人而操心，为异性而苦恼，为朋友而担忧……这些都给青春期女孩的适应和发展带来了一定的困难，使她们感到焦虑、迷乱，容易诱发各种心理困惑和心理障碍。

常见的心理问题有如下几种：

1. 自卑心理

青春期的少女往往会出现自我认识、自我评价的偏差，导致自卑心理。如因“恐貌不美症”引发的自卑。青春期的少女暗地里热衷于对自己的容貌评头论足，担心自己达不到标准体重和身高，担心容颜美丑。一旦发现自己身材不够匀称，气质不够好，生理发育有缺陷，她们就会内心郁闷，性情孤僻，沉默寡言，不愿与人交往，也不喜欢表露，遇事退避三舍，陷入深深的自卑而无法自拔。再如青春期的少女好胜心强，自我期望值过高，理想自我完美化，要求自己一切都要比别人好，不能容忍和接受自己落后于人，否则就自责不已。不可避免的，她们往往容易受挫。一旦遭遇失败和挫折，一些女孩就无法正视现实，认为自己笨、能力差、什么都不行，并对此耿耿于怀，片面夸大自己的缺点与不足，或以己之短度他人之长，先从某一方面对自己作出否定评价，然后经过泛化把自己看得一无是处。于是，悲观绝望，自我否定，自我贬低，进行消极自我暗示，形成消极观念。

2. 逆反心理和自闭心理

青春期的女孩喜欢以“我已是大人”的姿态自居，极力想摆脱家长和其他成人监护，摆脱由这些成年人规定的各种形式的束缚，喜欢我行我素，对事物的批判性增多，已产生心理断奶的强烈愿望，而作为监护一方的师长却总认为她们还小，不放心。两者起冲突，导致少女产生逆反心理和闭锁心理。表现为她们对父母、老师的教导不理不睬，讨厌师长管头管脚和过多盘问，不愿向师长敞开心扉，有时候大人关心地问问她们，她们总是很简单地回答“没什么”，甚至还表现得很不耐烦，可是，遇到同伴，却有着讲不完的话；她们不主动与家长、老师沟通，却会一味地指责大人对她们不理解、不信任、不支持、不关心，对师长抱有戒备心理；她们强烈要求有自己独立的生活天地和精神天地，对师长偷看他们的日记、信件等行为甚为反感，抵触情绪激烈。

3. 过激心理

青春期的女孩情感丰富、情绪波动大，且具有隐蔽性；脾气暴躁或莫名的冲动，激情胜于理智，思考问题过于简单、缺乏冷静，生活中如果遇到矛盾、感到委屈或不满时，在强烈情绪的支配下，易产生过激心理，做出即时的不理智的行为。这种明显缺乏自制力、不能或未能判断后果、是青春萌动期产生的激烈情绪导致的，其后果的严重程度无法预测，危害性、破坏性极大，极有可能酿成终生憾事。有的女孩与父母、老师、同伴发生冲突后，激愤之下离家出走，因缺乏生存能力和自我保护能力而误入歧途。更有甚者，自残身体寻短见，给自己和亲人留下一生的痛苦。青春期出现的自杀行为及受伤害案例，无不与女孩们的过激心理有关。难怪，心理学家把这一时期也称之为暴风骤雨式的“心理动荡期”。

4. 性成熟所诱发的困扰

由于营养的增加、居住环境、社会信息化等原因，青春期少女性成熟的一个显著特点就是早熟，即身心发展不同步，生理的成熟并不等于心理的成熟。早熟的结果使她们一方面性意识萌发，好奇心强，模仿能力强，另一方面却是识别能力、自控能力较差；再加上父母、老师受世俗偏见、陈旧观念的影响极少告诉少女有关的知识，极少有意识地引导她们，于是她们间接偶然地从社会上寻求答案，获得有关信息。而这些信息鱼龙混杂，不系统、不科学，甚至是错误的，这使得她们总是产生烦恼。

少女的性心理困扰大致有以下三种：

(1)异性交往困难，想接近异性，又不知道如何与异性沟通，于是对异性产生恐惧，并由此引起自卑、焦虑等不良情绪体验。

(2)单相思，青春期的少女对异性交往很是敏感，易将“爱情”泛化，在她们眼里，自己倾慕的异性的一般举动也带上了“爱”的色彩，错把这些举动当成喜欢自己的“证据”而产生单相思苦恼。

(3)陷入早恋的误区难以自拔。少女对两性关系极为好奇，向往与异性接近。由于她们情感控制能力较差，道德判断水平较低，道德伦理观念和道德意志相对薄弱，一部分青少年会陷入早恋误区；她们一方面有着与异性单独接触带来的兴奋，一方面又要承受家长、学校、社会的指责和学业滑坡带来的沮丧。

有人用这样一首打油诗来形容青春期心理，甚为巧妙：

政治上具有探求性，观点上则偏激性；
思想上具有进取性，认识上则片面性；
目标上具有时代性，需求上则享乐性；
思维上具有求异性，心理上则逆反性；
认识上具有自主性，处事上则自私性；
行为上具有独立性，生活上则依赖性；

性格上具有开放性，意志上则脆弱性；

交往上具有广泛性，感情上则冲动性。

青春期是最容易出现心理和行为异常问题的高峰期，但是由于社会上对于心理疾病患者所抱的偏见，致使许多人不敢坦然面对自己的心理问题，何况是天生羞涩的女孩，她们怕被人贴上“心理变态”或“神经病”的标签，从不敢透露心声。事实上，少女的心理健康问题，是青少年在成长过程中必然会经历的，我们应该研究的是它们的来源和对策，而不是讳疾忌医。

消除青春期女孩心理困扰的对策：

(1)引导青春期女孩认识自我、悦纳自我、完善自我，树立正确的世界观和人生观，确立合理的理想和抱负。

(2)引导少女妥善解决各种冲突，恢复并保持良好心态。

(3)引导她们学会积极心理防御，正视挫折，培养耐挫能力。

(4)引导她们明辨是非，学会自我保护。

(5)加强青春期性教育，引导女孩正确看待性成熟，恰当进行异性交往。教育的方式要灵活多样，不要拘泥于空洞说教。

生命之舟在人的一生中要经历一系列航程，青春期是人生的一个“港口”，这个“港口”孕育着远航的希冀，也面临着触礁的危险。家长、教育者、社会必须为青春期女孩导航，帮助她们用知识去代替盲目，用理性去战胜任性，不断完善人格，达到生理和心理的同步成熟，顺利地度过充满希望和危险的青春期，迈好青春的第一步，走向更加缤纷灿烂的人生！

第三节　青春期男孩的心理特征

处于青春期的男孩子，生理和心理上都有着多方面明显的特征和变化。了解这些特征和变化，有助于你掌控好自己的青春之舟，驶向成熟、美丽的彼岸。

青春期男孩子的基本心理特征包括：

1. 情感更深刻，认识能力进一步发展

青春期少年情感上更深刻，但多变而不稳定，认识能力进一步发展，但认识问题有片面性，对人对事时而感到很美好，时而感到很糟糕；兴趣爱好比较广泛，但容易见异思迁；当考试取得好成绩往往沾沾自喜，遇到挫折又容易悲观、沮丧、失去信心；情绪易激动，感情易冲动。这些除了青春期性激素分泌的因素外，主要是中学生进入青春期后，对理想的追求、人生的探索、知识的渴求、友情的寻觅、热情的释放、才干的显露等日趋迫切，因而感情也日益丰富。但由于受年龄、阅历、经历、财力等方面限制，情感处于易变不稳定状态。因此，对人对事物都要全面客观地分析，失败时不要泄气，成功时不要骄傲；对人要多看长处。遇事要有毅力、有恒心，逐步增强理智地控制自己情绪和情感的能力，使心理品质健康发展。

2. 自觉性和自制性得到了加强

在与他人的交往中，他们主观上希望自己能随时自觉地遵守规则，努力尽义务，但客观上又往往难以较好地控制自己的情感，有时会鲁莽行事，使自己陷入既想自制，但又易冲动的矛盾之中。

自立感、自尊心增强，自认长大成人，不再是小孩，不用再依赖父母，据此青春期也有“心理断乳期”的说法。但其内心充满着独立性和依赖性的矛盾，这种矛盾是青春期少年在心理上最突出的特点。他们独立意识增强，渐渐地在生活上不愿受父母过多的照顾或干预，对父母的唠叨产生了厌烦情绪，判断事物是非曲直时不愿意听从父母的意见，并有强烈的表现自己意见的愿望；对一些传统的、权威的结论持异端，往往会提出过激的批评之词。但由于其社会经验、生活经验的不足，经常碰壁，又不得不从父母那寻找方法、途径或帮助，再加上经济上不能独立，父母的权威作用又强迫他去依赖父母。

3. 自我认识和自我评价能力得到初步发展

青春期的男孩子在观察和评价身边的人和事的同时，也开始认识和评价自己，比如经常站在镜子前打量自己长得怎样，或者把自己与电影、小说中的主人翁对比遐想等等。自我评价一般有三种情况：过高、过低或适当。对自己评价过高会产生过分自信，受挫折容易产生消极情绪；评价过低导致缺乏信心，可以达到的目标也不去努力争取；适当的评价可使自己处于既不自满也不自卑的状态，有抱负有上进心，而且能够经常看到自己的缺点并及时克服。一些品学兼优的学生都善于经常适当评价自己并且采取相应的调节措施。

4. 表现出成人感与幼稚性的心理矛盾

青春期少年心理特点的突出表现是认为自己已经长成大人，在一些行为活动、思维认识、社会交往等方面表现出“成人”样式，渴望别人把他看作大人，尊重他、理解他。但由于年龄不足、社会经验及知识的局限性，又带有明显的小孩子气，在思想和行为上往往盲目性较大，易做傻事。

存在开放与封闭的心理矛盾。青少年需求与同龄人，特别是与异性、与父母平等交往，他们渴望他人和自己一样彼此间敞开心灵来相待。但由于每个人的性格、想法不一，使他们的这种渴求找不到释放的对象，只好诉说在日记里，不愿被他人知道，于是就形成既想让他人了解又害怕被他人了解的矛盾心理。

5. 青少年由于性的发育和成熟，性意识萌发，出现了与异性交往的渴求

青春期性意识常表现为以下四个方面：

(1)对异性的暂时疏远。青春期开始，由于男女生理上的差别日益明显，男女学生会产生一些不安和害羞的心理，从而接触中出现了短暂的疏远。

(2)对异性产生好感。在性意识发展过程中，男女同学会产生一种彼此要求接近的需要，产生相互吸引的心理，表现为希望引起异性的注意和好感，男女同学喜欢接近等。

(3)模仿性的“初恋”。由于性意识的萌发和社会环境的影响，男女同学开始初步树立自己的期望和理想，在此基础上建立起男女间两种不同的感情：一种是在共同追求理想、追求事业的基础上建立的纯真友谊；另一种则是对爱情的追求与模仿，即所谓交异性朋友。这种交朋友还只是一种模仿行为，具有对象不固定性，没有深厚感情基础，不懂得感情的专一性和排他性，盲目地模仿一些从影视和读物中看来的动作，也不懂这种模仿带来的严重后果等特点，因此，还谈不上“初恋”。

第四节　中学生心理特征及对策

一、初一学生的心理特点及教育对策

（一）初一学生的心理特点

学生在成长过程中是有阶段性的。从小学到初中后，由于生理、心理和环境、学习容量、人际关系等的改变，使初一学生存在着一定的特殊性，而对一个成长中的关键转变期，帮助他们顺利完成这一转变，是班主任工作的重要内容。

1. 成熟性与幼稚性的统一

与小学生相比，初一学生开始进入少年期（12—15 岁），身体形态开始发生显著变化，身体机能逐步健全，心理也相应地产生变化，如能够自觉地根据教学的要求知觉有关的事物，抽象思维开始占优势。但是，童年和少年两个阶段之间是逐渐过渡的。初一学生刚刚跨入少年期，理性思维的发展还是很有限的，他们在身体发育、知识经验、心理品质方面，依然保留着小学生的许多特点。如他们一般还比较幼稚，有些学生"孩子气"很浓，看问题处在直观和感性阶段，缺乏思考，表达缺乏思想性。

2. 向上性与盲目性的统一

初一学生自我意识开始发展，他们有了一定的评价能力，也开始注意塑造自己的形象，希望得到老师和同学的好评。他们一般会对初中生活产生美好愿望，在学习和纪律方面会认真努力，力争给老师和同学留下一个好印象。但由于他们的知识经验还存在局限性，思维的独立性和批判性还处于萌芽阶段，神经系统调节能力也较差，容易受外界影响。

如有些学生顺利时盲目自满，遇到挫折时则盲目自卑，沮丧泄气；而且他们彼此之间的情绪感染性较强，做好事和做坏事都有从众心理。

3. 独立性与依赖性的统一

初一学生由于身体生长发育显著，体力增强，精力旺盛，具有了一定的知识经验和独立工作与生活的能力，他们的独立性和自尊心增强，认为自己已经长大成人，有了参与感，希望独立自主，摆脱成人对他们的"束缚"。但毕竟他们的生理和心理尚未完全成熟，坚持性、独立性还不够，缺乏克服困难的勇气和毅力，在生活、学习上对家庭和学校仍具有一定的依赖心理。如有些学生平时经常对父母说："你不用管我了"，但在学习和生活中一碰到具体的困难，则很自然地希望得到老师和家长的帮助。

4. 新鲜感与紧张感的统一

跨入初中，新学习环境、新认识的老师和同学，尤其是新的学科，如生物、地理、历史等，内容丰富多彩，是他们小学时未曾接触到的，这些使他们产生从未有过的新鲜感受。

从上面分析可知，初一学生的理性和自我约束能力不强。因此从一开学就要以《中学生守则》《中学生日常行为规范》为准则对学生进行养成教育。从仪表仪容、文明礼貌、作息制度等方面严格要求他们。

(二)教育对策

1. 要充分爱护、尊重、信任学生

多看到学生的优点，正面表扬、鼓励他们；不要在大庭广众之下批评他们。要采用自然、具体、生动的方式，如语文老师可充分利用思想性强的《背影》等课文，教学中抓住契机、创设情境，自然地引入思想教育；班主任则可充分发挥主题班队会的功效，如《中学生日常行为规范智力竞赛》《颂祖国辉煌成就》《夸夸我们的班级》《懒惰——成功》等主题班队会，既符合初一学生的年龄特点，又渗透了养成教育。

2. 注重心理辅导

从上面的分析可发现，初一学生已开始在人生的多种矛盾中，步入了人生的“多事之秋”，容易产生心理问题和障碍。因此应该全面把握他们的心理特点和发展矛盾，注重心理辅导。对初一学生的心理辅导内容主要有：(1)自我意识的教育。如让学生自我介绍“我最喜欢……”、“我害怕……”、“我的目标是……”、“我学得最好的是……”、“我学不好是因为……”让学生不断地认识自己，在认识和反省自己的过程中提高自我约束能力、减少盲目冲动的发生。(2)情绪辅导。初一学生情绪不稳定，因此要引导他们能充分表达自己的情绪、情感，教给他们控制和调节情绪的手段，例如沮丧、忧郁时可通过交谈、读书、观景、游乐等方法转移等。

3. 开展学法指导

进入初一，科目增多，容量变大，需要理解的成分增多；小学老师面面俱到地帮助学生学，学生对老师的依赖性大；中学老师开始逐渐放手让学生自己学，课后学生自己完成作业、支配课余时间。这使小学一些懒惰、毅力较差的学生会产生厌学和无所适从的感觉。因此，培养学生良好的学习习惯和方法就显得尤为重要。在这一点上，班主任要和科任老师协调好，教学中注重学法指导，如从要求学生制订学习计划开始，逐步在听课、预习、复习、阅读、记忆方法等方面对学生进行反复的具体指导和训练、强化。另外，教学中也要注意小学和中学知识的衔接，使学生在学习上循序渐进，树立学生对学习的信心，激发学习兴趣。

4. 结合家庭教育

学生家长是帮助初一学生成长的一个重要因素和外在条件。因此，争取家长积极配合是一项重要任务。争取家长配合的最佳方式是亲自到学生家家访。通过家访不仅使老师了解学生的生活环境、在家表现、个性形成原因，为对学生进行个别教育提供条件，也能为个别望子成龙心切但又对子女的心理、生理发展认识不足的家长提供一定的材料。实践证明，经过老师家访后的学生，在日常行为、学习上都会有较大起色。

二、初二学生的心理特点及教育对策

（一）初二学生的心理特点

倘若说初中阶段三年的学习生活是人生打基础的一个重要时期，那么，在这一阶段，孩子的思想大体上是沿着一条轨迹在发展和变化着的。初一是起点，由于学生新到初中，环境的更新及学校老师家长对入学教育的重视，迫使他们不至于过多张扬由此产生的渴望和好奇。到了初二年级，大多数学生在思想品德、学习成绩以及行为能力等方面开始出现两极分化的趋势，一部分原来听话守纪的学生，这时开始出现程度不同的对抗情绪、抑郁、自卑等心理障碍以及说谎、破坏等不良行为。初二学生的心理特点决定了这一现象存在的必然性。

1. 现在的初二学生，其年龄一般在十三到十四岁左右，正是他们人生的第二次生长发育高峰期。随着生理发育的急剧变化，青春期心理的萌动，他们逐渐突破儿童模式束缚，开始体验与感受一些新的从来没有过的东西。对一些问题有自己的看法，喜欢发表自己的见解。因此，对老师、家长的教育指导，不像初一时那样容易接受。一部分品学兼优的学生开始加入团组织，成为班级的骨干，而另一部分品德较差的孩子，这时也开始冒了出来。

2. 随着自我独立意识的增强，初二年级学生个体对新环境的磨合和适应已不再是关注的中心，但建立在新环境之上的新矛盾与冲突又开始左右着学生的心理，他们开始试图摆脱父母和老师的控制。在家里，他们不希望父母将他们当小孩看待，最讨厌大人管头管脚，自己处理自己的事务，开始希望独立尝试一切，但又由于他们在很多方面，如经济、生活、情感和学习上还得依赖父母和老师，不能自由地支配自己的时间、行为和生活，这就构成了他们内心的错综对立的矛盾和冲突状态。

3. 与初一年级相比，初二年级的各学科无疑增加了广度和深度。适应能力差的孩子，原先在小学和初一还比较稳定的学习成绩，现在开始动荡分化。随着他们平等意识的增强，他们产生了强烈的自尊心和被他人尊重的需要，但由于学习成绩的逐渐落伍与分化，学生内心深处渴望被尊重的情感与不平等的待遇产生冲突。结果是一些情感意志比较脆弱的学生，放弃继续努力学习的念头，产生厌学情绪。有的甚至产生逆反心理，开始逃课、逃学。大凡在初二年级学习扎实、成绩稳定的学生都渴望顺利完成整个初中阶段的学习任务。

4. 孩子进入初二后，变得不爱讲话，往往把真实的思想隐蔽起来，把话埋在心里，如果家长问起学校里的事，孩子态度上显得不耐烦，或者冷冰冰的，三言两语就讲完了，年龄越大越明显。这一时期，一方面孩子对父母闭锁，另一方面又产生了希望别人理解的强烈愿望，加之现在多数是独生子女，他们想寻找友谊，交朋友，一旦遇到自己信得过又理解自己的人，就会把心扉完全敞开，无所不谈。

（二）教育对策

总之，这一时期，初二学生是“小大人”、“半成人”，心理特点是不稳定的、脆弱的，需要父母认真观察孩子的变化，做耐心细致的疏导工作。针对初二学生的特点，家长该如何引导他们，使他们“向真正的大人发展”呢？

1. 正确认识自己的孩子

首先，父母要尊重孩子的人格，父母应懂得，孩子是一个活生生的人，有正常的需要，有自己的性格特点和兴趣爱好，他们是未来社会的主人。他们将承担父母所不能承担的新的历史使命。他们应当具有自尊、自爱、自强的精神。父母理应爱护和培养孩子的自立精神；其次，父母要全面地看待孩子，不能只看到他们的缺点而漠视其优点。即使最优秀的孩子，在成长过程中，也难免会出现些问题，反过来讲，即使最淘气的差生，他们身上也有不少长处和闪光点，家长不应片面地认识孩子，他们是发展中的人，是动态变化的人，他们身上有许多特点是在不断变化的，会向好的方面发展，也会向不好的方面演变，关键在于家长的引导。

2. 尊重孩子的“小秘密”

有时，孩子把内心的秘密告诉家长，家长却随意地当着孩子的面告知他人，这使孩子感到尴尬，家长出现这种举动，一是认为孩子无知或错误的想法可以随便拿来取笑，二是在气愤、无奈之下，失去理智，以丑治丑，殊不知，这样做的结果是加深了孩子对家长的防卫心理，家长从此就不会知道孩子的真实思想，亲子之间会筑起一道心理屏障，因此家长不能当众出孩子的丑，要选择适当时机，运用适当方法，解释孩子的无知或错误，激发孩子的自愧、自警、自戒之心。随着孩子年龄的增长，他们也有一块保留个人秘密的小天地。如一本小小的日记本、生日贺卡等，不希望家长窥视和干涉，这是孩子独立人格开始形成的一种标志，家长必须尊重孩子的隐私权。随着社会的开放，少男少女的交往日趋频繁和公开化，这种交往多数是精神上的交流，属于友情的范畴，也逐步得到社会的认可，在当今文明进步的社会中，父母应给孩子创设一个宽松的交往环境，做个开明的家长。

3. 营造一个教育孩子的良好环境

古人言“家和万事兴”，家庭成员之间的尊重、理解、信任和关心是治家教子的基本条件。同时，父母是子女的榜样，孩子是通过观察、模仿父母的言行来接受社会行为规范、学会与人交往的。所以，家长的人格形象对形成孩子的品质，发展孩子的交往能力有着直接的影响。家长只有配合学校教育，运用民主、理解、健康的方式教育孩子，发扬中华民族传统的家庭美德，教育出来的孩子才富有时代精神。作为家长，更要注意爱孩子的方式。现在家庭生活条件普遍提高了，大多数家庭又只有一个孩子，家长都格外疼爱孩子，在物质生活方面，千方百计满足孩子的需要，让孩子吃好、穿好、生活好，但在精神生活方面，缺少对孩子的关心。有些父母很少与孩子谈心，不了解孩子的思想，他们常常以金钱来弥补对孩子精神上关心的不足。岂知，家长对孩子物质上的照顾固然不可少，但精神的关怀更为重要，孩子更需要父母的理解，需要与父母沟通，需要精神上的慰藉。

4. 对子女的要求要适度

家长经常对子女的各个方面提出要求。由于孩子正处于逐步成长的过程之中，家长的要求必须要切合孩子的实际，适合孩子的身心发展规律，从自己孩子的实际出发，不攀比、不拔苗助长，否则会使孩子产生逆反心理，甚至采取极端方式来对抗父母的意志。尤其要正确对待孩子的学习成绩，父母应告诉孩子，只要平时上课用心听讲、学习认真、尽自己的最大努力，就会感到满意；即使考差了，也不能一味地指责，而是帮助孩子分析失误之处，认真总结，鼓励他下一次能取得成功。帮助孩子循序渐进，分步实现期望，切不可心急，否则效果不明显。

5. 重视挫折教育，锻炼孩子的心理承受力

现代社会的飞速发展，竞争已越来越激烈。在充满竞争的社会环境中，孩子的学习和生活都面临竞争，这就必然会有失败和挫折。因此，在多给孩子爱的同时，也要锻炼他们对环境的适应能力，锻炼他们如何正确对待失败，如何适应各种变化着的环境。要对孩子进行各种困难预测以及如何处理所遇到的困难和挫折的教育，使孩子有经受挫折的心理准备，以免走极端。

各位家长，孩子是祖国的未来，是家庭的希望，家长是孩子的第一任老师，我们应关心孩子，不仅用力去做，更应用心去做，让自己的孩子健康成长，将来成为祖国有用之才。

三、初三学生的心理特点及教育对策

进入初三的学生随着学习压力的增大，容易出现对自己学习上没有信心、对前途担心、对父母说教反感、心情烦躁压抑等各种现象，其实这些现象在初三的学生身上表现出来也是正常的现象，但是如果对这些出现的种种心理不适不能及时进行自我调节的话，就很有可能影响学生的学习和考试成绩。因此我觉得有必要帮助学生分析解决临考前会出现的问题。

1. 第一个易出现的问题：欲速不达，挫败信心

一部分同学以饱满的热情投入到学习之中，他们有的希望自己的成绩在非常短的时间内能提高一二十名，有的期望能从别人那里得到一种既轻松，效果又好，而且短时间内有奇效的学习方法，这些同学都希望通过考试来证明自己的能力，增加对中考的信心，结果往往事与愿违，达不到期望的成绩，易产生挫败感。作为班主任，针对这类问题，首先，要帮助学生克服急躁情绪，告诉他们在学习上要有耐心，不要急功近利，奢望这个星期努力了，下个星期成绩就要有明显的提高。成绩的提高是要达到一定量的付出和努力才能显现出来的，所以对学习要有耐心。其次，要合理定位，首先要客观地评价自己，给自己一个合理的定位。我们每个人的学习情况各不相同，我们不能要求自己在初中的最后一段时间里就一定能在学习上突飞猛进，赶超学习成绩最好的学生，这是不现实的。我们应该找准自己在班级中、年级中的位置，树立一个通过自己努力可能实现的目标，从自己学习情况的实际出发才能进步，才能找到学习的信心。否则，只能是在和他人的比较中徒增痛苦，对自己的学习是无益

的。再次，学习要有毅力，心理老师在调查中发现，有将近30%的同学认为自己“自制力太差，遇到困难就想躲避”、“做事经常半途而废”、“遇到难题就想放弃”、“花了大量时间来制订计划，但却不能付诸行动”、“学习虎头蛇尾”等，他们意识到学习成绩的不足，很大程度是因为自己的毅力不够造成的，并为之着急。

2. 第二个易出现的问题：心态慌乱，情绪焦虑

有些同学在初三学习过程中，对自己的学习非常焦急，老是觉得自己以前的知识没有学好，担心剩下的时间全用来复习都不够用，这些同学总是在自己吓唬自己，如有的同学担心自己复习时间不够用，担心成绩下滑，结果连自己会的题目也怀疑对不对，严重时脑前出现空白；还有的同学进入初三后，成绩时有波动，因此总担心自己中考失利，把大量时间都浪费在对学习的担心和焦虑中。老师首先要帮助学生保持平常心态。其次，要合理高效地利用考试前剩下的时间，充分复习是完全可以做到的，而且也能够取得好成绩。这些同学可以进行一些积极的自我心理暗示和自我鼓励，比如在学习的地方写一些小纸条，如：“踏踏实实复习，不急躁”“请把注意力从担心转到学习活动上”“不和别人比，只做自己该做的”等，这些小纸条会帮助你稳定情绪，找回信心。第三，要学会制订学习计划。制订学习计划对学生起着稳定心理的作用。越是无序状态，人就越容易四处出击，什么都想做，然后是哪一个也没做好，这样反过来就更使我们慌乱、焦急，形成恶性循环。如果我们制订了合理的学习计划，我们就会在学习上有条不紊，知道自己已经完成了什么，还有哪些内容没有完成，对于已经完成的学习任务还可以使我们形成学习成就感，会更加增强我们学习的信心。总之，一个原则：无论用什么方式，考试范围内的基本知识必须在自己规定的时间内真正掌握。

3. 第三个易出现的问题：作息不当，效率不高

进入初三很多学生提到了自己睡眠不足，精神不振，白天经常打瞌

睡，学习效率低下，影响了学习的效果。长此下去，许多同学就觉得很疲惫。这时，老师要建议学生劳逸结合，保证睡眠，合理利用时间，注重学习效率。尽管老师一再地强调初三的学习过程中，要劳逸结合，但事实上仍有很多的学生进行“学习疲劳战”。很多同学都是在上半学期还能挺住，下学期还没有到考试的日子，身体和心理就出现了严重的损坏，不得已要放弃学习活动，临考前，保证自己在晚上 10:00 左右睡觉。“劳逸结合，保证睡眠”不是我们学习不努力、要偷懒，是为了能够保证我们持久的学习动力和能量，学习不是谁用的时间长谁就一定能够成绩好，学习重在方法和效果。只要我们合理地安排学习时间，注重学习的质量和效率，我们一样可以取得好成绩。

第五节　中学生的学习动机

一、学习动机的概述

学习动机是对学生的学习活动起直接推动作用的主要因素。

(一)什么是学习动机

动机是由某种需要所引起的有意识的行动倾向,它是激励或推动人去行动以达到一定目的的内在动因。学习动机是直接推动学生进行学习的内部力量,是学习需要的动力形式,这种需要是社会、学校、家庭对学生学习的客观要求在学生头脑中的反映。

学习动机是学习活动的动力因素,它一般分为三种,即推力、拉力和压力。推力是学生对学业成就的追求,是一种发自主体内心的学习愿望或要求,学生对学习必要性的认识及信念,学生对学习的兴趣、爱好或习惯,学生对未来的理想等等;都可以使学生产生学习的愿望,因此都可以概括为推力。拉力是外界环境对学生的吸引作用,它引导(或诱导)学习者从事学习。活动、学位、社会地位等都可以对学生形成拉力。压力是客观现实对学生的要求,它迫使学生从事学习活动,考试、竞赛、家长和学校的要求以及社会现实都有可能成为压力。这三种作用力都引起学生的学习活动,都是学习活动的动力因素。

(二)学习动机的基本结构

在学习动机的动力因素中,压力不是独立作用成分,它或者转变为对学生的吸引作用,或者转变为学生自身的学习愿望,才能促使学生从事环境要求于他的学习活动,而不能单独、直接地产生学习动力。因此,学习动机的有机作用成分是推力和拉力,作为学生学习愿望的推力,实质上是学生的一种学习需要;而只有当学生对他要完成的学习活动的结果有某种期待时,学习活动对他才有吸引力,这就是拉力。换句话说,学习需要和学习期待才是学习动机的两个基本构成成分,两者相互制约、共同作用形成学习动机系统。

1. 学习需要与内驱力

学习需要是学习动机的基本构成要素之一,它是主体的一种追求学业成就的倾向,是个体和社会的客观需求在学生头脑中的反映。它的主观体验形式是学生的学习愿望或学习意向。这种愿望或意向是驱使学生学习的根本动力。学习需要对学习的作用,称为学习的内驱力或学习驱力。

学习需要是学习的基本构成成分,它直接制约着学生的学习积极性。学习需要由三种因素构成,或者说学生至少有这三种需要是指向学习的,即认知需要、交往需要、自我提高需要。认知需要是一种要求知道和理解事物,要求掌握知识以及系统

地阐述并解决问题的需要,即获取知识的需要,它直接指向知识本身,并以接受刺激、获得知识为满足。认知需要是学校情境中最重要、最稳定的学习需要。交往需要是个体希望获得长者或承认其独立意义的群体的赞许或接纳,并从中获得替代的或派生地位的需要,它是在人与人的交往过程中出现的,它不直接指向知识本身,而把学习作为赢得赞许或接纳的手段,是一种间接指向学习的学习需要。自我提高的需要是指由学业成就获得地位和威望的需要,它和交往需要一样,也不直接指向知识本身,而是指向在学校学习中取得成就以及直接依赖于这种成就的未来学术和职业方面的地位和成就,因此,它也是一种间接的学习需要。

认知需要、交往需要、自我提高的需要都是使学生直接或间接地产

生掌握知识的需求，它们都属于学习需要，学习需要是学生从事学习活动的最根本动力，没有这种主体自身产生的动力，学习活动根本不会发生，学习需要是学习动机的主导因素。但是，有了学习需要只是使学生具备了激发学习积极性的潜在条件。事实表明，只有当满足这种需要的目标或期待同时存在时，才能使学生把活动指向确定的方向，才能激发学习的积极性，实现学习目标。

2. 学习期待与诱因

学习期待是学习动机结构的另一个基本构成要素，是学生对学习活动所要达到的目标的意念。学习期待和学习目标相关，但又不等于学习目标。学习目标是学习活动所要达到的某种预想结果，这个预想结果以观念的形式存在于学生的头脑中。学习期待是学习目标在学生头脑中的反映。

学习的诱因一般是指激起需要的条件或满足需要的对象。因此，学习动机结构中的学习期待成分，就其作用来说，可称为学习的诱因。

一般来说，那些能够满足学生学习需要并使学生感到可以达到的目标，形成学习期待，学习期待使学生的行为指向确定方向，从而形成完整的学习启动机制。

3. 学习需要和学习期待的关系

在学习动机结构中，学习需要与学习期待是相联系的。学习需要是产生学习期待的前提条件之一，学习需要和学习环境（包括目标和可能性）相互作用形成学习期待；学习期待则指向学习需要的满足，使学生有明确的行为指向，即通过学习活动，达到学习目标，实现学习期待，满足学习需要。学习需要是学习动机结构中的主导成分，学习期待是形成学习动机的必要条件。

（三）学习动机的分类

学生的学习动机复杂多样，可以从不同的角度进行分类。一般来讲，可以分成以下几类。

根据学习动机的来源分，学习动机可以分为内部动机和外部动机。内部动机是指学习动机是由本人自行产生的，学习活动就是学生的兴趣所在及追求的目的，无需外力推动，完全出于自愿。例如，学生出于想要了解与理解知识、想去应用知识的愿望而醉心于某一学科的学习，这种自发的学习动机是持久、稳定、强有力的。外部动机是指由学生或学习活动以外的客观因素引起的。如害怕老师或家长的责备而读书，为应付考试而开夜车等。其他如表扬、奖励、评分、竞赛、让学生知道自己的学习结果等，都是教育工作中常用的激起外部动机的诱因。在实际学习活动中，这两种动机交替地发生作用，从教育的观点来看，最好是激发学生的内部动机。但在教育实践中，也可适当交替利用外部动机作用和内部动机作用。

根据动机来源远近和起作用的久暂来分，学习动机可以分为间接的远景性动机和直接的近景性动机。间接的远景性学习动机与社会意义相联系，是社会、家庭和学校的要求在学生学习上的反映，如为了将来参加祖国的建设，或为了个人将来有出路等，这种动机一旦形成，就有较大的稳定性。直接的近景性学习动机与学习活动直接联系，是由对学习的直接兴趣、对学习结果的直接追求所引起的，如学生由于几次作文受到表扬，就表现出特别喜欢上作文课；相反，由于某门学科的学习几次受到挫折，就可能不喜欢这门课，这种动机比较具体，有实际效能，但作用短暂而不稳定。间接的远景性学习动机和直接的近景性学习动机相互联系，有机结合，就能成为推动学生努力学习的巨大动力。

学习动机除以上分类外，还可以根据学习动机的性质，分为正确动机和错误动机;根据学习动机的地位作用,分为主导动机和辅助动机;根据动机的影响范围,分为一般的、概括的动机和特殊的、具体的动机;也可根据动机的成分,分为认知动机、成就动机和交往动机。

(四)学习动机的作用

学生的学习动机之所以重要,是因为它在老师的教学和学生的学习中都起着重要作用。

对老师来讲,学生的学习动机既可以作为教育目标,又可以作为教育手段。作为目标,增强学生的学习动机是教育目的之一,我们所要培养的学生应该具有强烈的求知欲和不断提高自己的愿望,并能把这种动机力量持续终身,学而不止,奉献人类;作为手段,动机就像智力、学习经验等认知因素一样,影响学生的学习行为。老师在教学中,可以通过激发学生的学习动机来提高其学习成绩,也可以通过强化学生的学习动机来巩固其良好的学习效果。

对学生来说,学习动机和学习的关系是辩证的,学习能产生动机,而动机又推动学习。正如奥苏贝尔所说:"动机与学习之间的关系是典型的相辅相成的关系,绝非一种单向性的关系。"动机可以增强行为方式,促进学习,而所学到的知识反过来又可增强学习的动机。学习动机在学习中发挥着重大作用,主要表现在以下几个方面:

第一,学习动机决定着学习方向。学习动机是以学习目的为出发点的,它是推动学生为达到一定的学习目的而努力学习的动力。没有明确的学习目的的学生自然不会产生动机力量,因此,学习动机首先要求学生懂得为什么学,朝什么方向努力。

第二,学习动机决定着学习进程。在学习过程中,学生是认真还是马虎,是勤奋还是懒惰,是持之以恒,还是半途而废,这些差异将取决于学习动机。在日常生活中我们可以看到,那些具有强烈学习动机的学生,往往保持认真的学习态度和坚强的学习毅力。

在日常的学习和生活中，我们也发现，具有强烈学习动机的学生，学习效率高，成绩优良；而没有动机力量或动机水平很低的学生，不仅学习成绩差，而且常常出现课堂行为问题。

总之，学习动机作为一种非智力因素，通过唤起对学习的准备状态，间接地对学习起作用；学习动机作为一种学习结果，可以强化学习行为本身，促进学习——动机——学习的良性循环。因此，老师在教学中，当学生还没有表现出对学习有适当的兴趣和动机之前，老师没有必要推迟学习活动，应致力于有效地教他们掌握有关的知识，让他们获得成功的体验，只要学生尝到了学习的乐趣就可能产生要学习的动机。

二、我国中学生学习动机发展的特征

近年来，我国教育学、心理学工作者对我国中学生学习动机的发展状况作了大量的研究，取得了不少有价值的成果。归纳起来，我国中学生学习动机的发展具有如下主要特征：

1. 学生学习动机的发展不平衡，呈曲线状，其中初二年级学生学习动机水平最高，与其他年级均有显著差异。但这一时期的学习动机水平是极不稳定的，随着年龄的增长、年级的增高，有逐渐下降的趋势。这主要是因为在中学低年级，学生学习动机的来源还主要是老师和家长，而随着年龄增长，中学生的独立意识逐步增强，外部影响减少了，然而，学生自身的责任感和成就感还未发展完善。

2. 中学生成就动机水平最高，认知性动机水平最低，并随着年龄的增长而逐步下降和提高。这可能与教育体制与教育方法的缺陷有关。

3. 总的来说，城市和农村的中学生、学习动机无明显的差异，但农村学生在目的性动机方面明显高于城市学生。这主要是农村学生受家长的影响，力求通过升入高一级学校，跳出“农门”的动机较强所致。

4. 重点中学与非重点中学学生的学习动机水平存在着极显著的差

异，重点中学的学生的学习动机水平大大高于非重点中学学生的学习动机水平。这种现象也许印证了国内有的学者的一种估计：重点中学与非重点中学学生之间的差别，主要不是智力因素的差别，而是非智力因素的差别。学习动机就是其中之一。

5. 男女中学生学习动机水平存在着显著的差异，女生的学习动机水平明显高于男生。造成这一现象的原因是多方面的，主要有：第一，男女学生身心发展的差异。女生身心发展要比男生早1～2年，动机发展水平也相应比同年龄的男生高。第二，学校教育环境的影响。由于女生身心发展水平比同龄男生高，使中学女生入团、当班干部的比例大大超过男生，更易受到老师的喜爱和信任，这些都会促进她们交往性动机的发展，增强她们追求成功的欲望，激发她们的学习动机。第三，社会环境和家庭教育的影响。由于种种原因，在就业方面，男生的机会大大多于女生，使部分男生在具有了这种"优越感"的同时，却减弱了追求学业成功的愿望，而这又激发了女生的学习动机。在家庭方面，多数家长对男生要求相对较低，较为宽松，而对女生要求较严格，这也在客观上促进了女生学习动机水平的提高。

三、中学生学习动机的激发与培养

学习动机的激发是指使潜在的学习动机转化为学习的行为，是在一定的教学情境中，利用一定的诱因，使已形成的学习需要由潜在状态变为活跃状态，使学生产生强烈的学习愿望。激发学生的学习动机，通常可以从以下几方面入手：

（一）明确适度的期望

动机的期望理论告诉我们，学生的学习动机，取决于他对自己学习获得成功机会的估计以及他对学习成功价值的评估，二者缺一不可。因此，在教学中老师要提出明确适度的期望，激发学生的学习动机。要让学生确切地知道应该做什么，成功后会得到怎样的评价和结果。提出的期望既不能太高，否则使学生感到无法达到；但也不能太低，不然使学生感到不值得去努力。阿特金森的实验说明了这一点。阿特金森把80名大学生分成四组，每组20人，给他们一项同样的任务。对第一组学生说，只有成绩最好者能得到奖励（PS=1/20）；对第二组学生说，成绩前5名者将会得到奖励（PS=1/4）；对第三组学生说，成绩前10名者可以得到奖励（PS=1/2）；对第四组学生说，成绩前15名者都能得到奖励（PS=3/4）。实验结果表明，第三组成绩最好，第二组次之，即期望适中时，学生的学习积极性最高，成绩最好。

（二）创设问题情境

问题情境是激起学习需要与学习期待，从而使学习动机处于激活状态的必要条件。所谓问题情境，是一种适度的疑难情境，在学生的学习中，一般都是由作业的难度构成。创设问题情境，一般是通过变更作业内容和形式以保持作业的新异性来实现的，而内容的新异性比老师还应该了解学生已有的认知结构状况，要使新的学习内容和学生已有经验相联系，而用现有经验又不能解决新内容提出的问题。即要在新知识和学生已有水平之间形成一个跨度，这样才能使学习情境转化成适宜的问题情境。

创设问题情境应注意：问题要小而具体，新而有趣，要有适当的难度，要富有启发性。例如，在讲“沸腾与蒸发”时，可创设以下情境：老师在讲台上放一盏酒精灯，然后举起一张纸问：“这张纸放到点燃的酒精灯上会燃烧吗？”“会。”“那么，用纸折成一个盒子，放到点燃的酒精灯上，会燃烧吗？”“当然会。”老师将纸盒装满了水，待盒子湿透了，倒出水，放到点燃的酒精灯上，结果纸盒没有烧起来，学生说：“这有啥稀奇，纸盒湿掉了，当然不会烧起来。”问：“为什么纸盒湿掉了，就不会燃烧呢？”此时，学生已处于心求通而不解，口欲言而不能的“愤”、“徘”状态，急切地等待老师的解答，这就激起了学生浓厚的认知兴趣和强烈的学习动机。老师这时来讲授新课内容，教学效果自然会得到提高。

（三）明确及时的反馈

利用学习结果的反馈作用，使学生知道自己的学习结果，包括作业的正确与否、成绩的好坏等，这不仅有利于学生改进和调整学习策略，而且可以增强学生的学习动机，产生进一步提高学业水平的愿望。

有无反馈作用，学习结果大不相同。罗斯和亨利的实验说明了这一点。在实验中，他们把一个班级的学生分为三组，每天学习后接受测验。主试对第一组每天告诉其学习结果；对第二组每周告知其学习结果；而对第三组则不告知其学习结果。如此进行 8 周后，改换条件，除第二组仍旧每周告知其学习结果外，第一组与第三组的情况对调，即第一组不再告诉他们的学习结果，对第三组则每天学习和测验后就步下降，而第三组突升（如下图）。由此可见，反馈在学习上的效果是很显著的，尤其每天及时反馈，较之每周的反馈效率更高；不知道自己的学习结果，缺乏学习的激励，则很少进步。

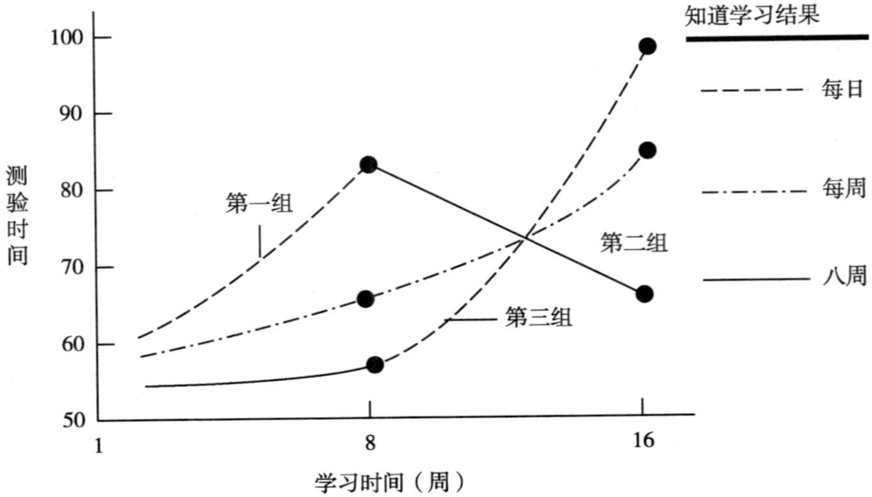

反馈的效应

在课堂教学中对学生的作业给予清楚而又及时的反馈极为重要。如果老师告诉学生他的作业做得对，这不但有利于他知道将来怎么做，而且还有助于他把成功归结于自己的努力；如果对学生的作业不及时反馈，如这个星期的作业要等到下个星期再给反馈，反馈的信息作用和动机作用就很难发挥了，因为学生不知道什么地方错了，很可能把错误的观念视为正确的，或者他已经对一星期前的作业淡化了，这时所给的成绩，已失去了激起他的学习动机的作用。

(四)适宜的动机激发水平

从事学习活动需要较高的学习动机，但不是动机激起水平越高越好。在一般情况下，随着动机水平的增加，作业效率也会提高，但超过了一定限度时，作业效果反而变差。根据叶尔克斯—多德森定律，最佳激起水平的位置，取决于要完成作业的难度。完成较容易的作业时，最佳激起水平位置较高；完成中等难度作业时，中等激起水平最佳；任务越困难，最佳激起水平位置越低(见下图)。因此，老师在教学时，要根据学习

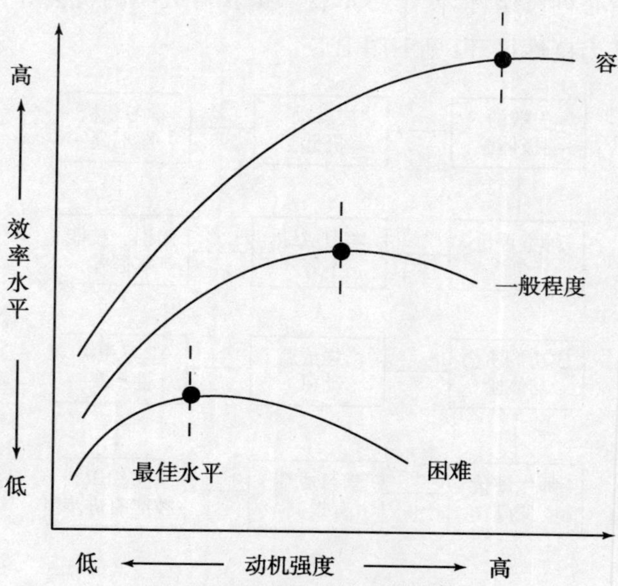

动机强度、课题难度与效率水平的关系

任务的难易和学生的个性特征(如焦虑水平),恰当控制学生的动机激起程度,尤其在学习较复杂的课题时,要创造轻松、自由的课堂气氛,学生学习遇到困难、出现问题时,要平和、耐心、慢慢引导,避免引起过度紧张和焦虑,使学生始终保持最适宜的动机水平。

(五)获得成功的机会和体验

学生的成就动机与其成功和失败的经历有关。成功的体验会增强学生的成就动机,而过多的失败会削弱其成就动机。因此,教学中创造条件使学生获得成功的体验,是激发学生学习动机的重要方法。苏霍姆林斯基指出:成功的欢乐是一种巨大的情绪力量,它可以激起儿童好好学习的愿望。缺少这种力量,教育上的任何巧妙措施都是无济于事的。在学校里,学习不良学生成绩差的重要原因之一就在于他们学习上的过多失败,严重地挫伤了他们的自信心、自尊心,致使他们缺乏上进心,即缺乏成就动机。他们学习中的困难,往往不为老师所了解,即使尽了努力,也得不到老师的肯定和赞扬,因而形成恶性循环(见下图 A)。要改变这种恶性循环,就需要改变学习不良学生的失败状况,精心创设条件,使学习不良学生获得成功的机会和体验,激发其成就动机,变其为良性循环(见下图 B)。

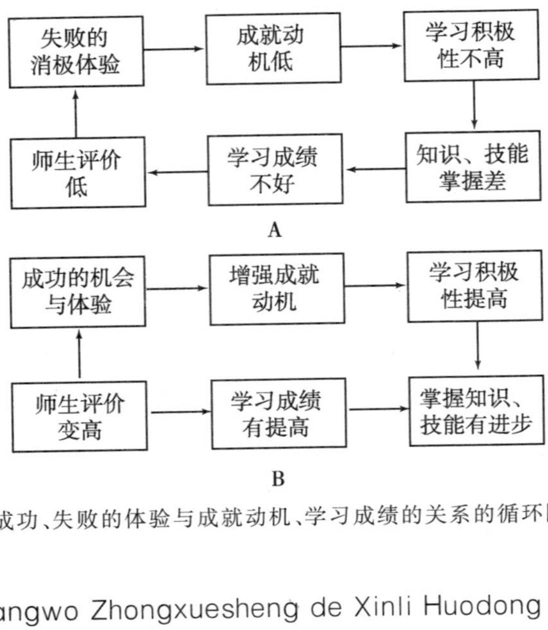

成功、失败的体验与成就动机、学习成绩的关系的循环图

当学生失败时，作为老师，不要训斥学生，而应鼓励。可先让学生完成与该课题有关的基础问题，而后再完成该课题，同时给予适当启发，使其获得成功。

（六）对学习结果正确积极的归因

认知归因理论告诉我们，学生对他人和自己的学习所进行的分析、解释和推论，会影响他以后的情感、期望和行为。因此，在教学中指导学生运用认知归因理论分析学习的成败，能进一步激发学生的学习积极性。

学生把成功或失败的行为归于何种因素，对其今后的学习的积极性有重要作用。学生如果把成功（或失败）归因于内部因素，如努力、能力等，会使他们感到满意、自豪（或内疚、无助）；如果归因于外部因素，如任务容易、运气好等，会使他们产生意外的、感激的心情（或气愤和敌意）。学生如果把成功归因于稳定因素，如任务容易或能力强时，会提高以后学习的积极性；但归因于非稳定因素，如运气好或努力时，以后学习的积极性既可能提高也可能降低；学生如果把失败归因于稳定因素如任务难和能力差，会降低以后的学习动机，但归因于非稳定因素，如运气不好或不够努力等，则可以提高学习动机。

（七）组织适当的学习竞赛

在学习中开展学习竞赛是激发学生学习动机的一种方法，此法如果运用得当，可以充分调动学生的学习积极性和主动性，提高学习效率，但如果运用不当也会带来一些消极影响。教学经验证明，在学习中开展适当的学习竞赛是激发学生学习积极性和提高学习效率的一种有效手段。在竞赛过程中，学生的好胜动机和求成的需要会更加强烈，学习兴趣和克服困难的毅力会大大增强，所以，大多数学生在竞赛情况下学习的效率会有显著的提高。心理学的许多著名的实验也殊途同归地证明了这一点。查普曼和费得尔的实验结果可以充分地说明这一点。他们对小学五年级的两个等组的学生进行 10 天(每天 10 分钟)的加法练习的对比实验,其中一组为竞赛组,另一组为控制组。控制组的学生按正常的条件进行练习,竞赛组的条件是"每天在统计表上登记分数和红星"。这一诱因由于激发了学生的竞争心理从而增强了练习的效果。实验结果表明(见下图),竞赛组学生的学习成绩明显好于控制组学生的学习成绩,他们由此得出竞赛心理增强了练习效果的结论。因此,在教学中教师要适当地运用竞争的手段,调动学生的竞赛心理,使学生在学习中形成一种你追我赶、不甘落后的心态,从而达到提高学习效率的目的。

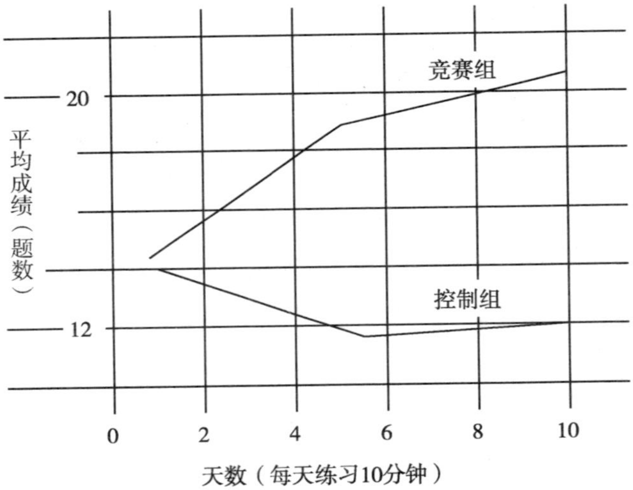

加法练习竞赛成绩比较

但是,开展学习竞赛并不是一剂提高学习成绩的灵丹妙药,因为学习竞赛如果运用不得法,可能会产生消极影响,主要表现在以下四个方面:(1)使学习迟缓的人(认为自己没有成功希望的人)丧失信心;(2)对于知道自己不需要任何努力就能成功的人缺乏激励;(3)对于有些人有过分的压力;(4)对不合作是一种鼓励,对别人的命运无动于衷(不惜任何代价要赢得胜利的态度)。

由于学习竞赛有正反两方面的作用,因此组织一定要适当,不要搞得过于频繁，更不要把它当作激发学生积极性的唯一手段。在学习竞赛的形式上也应注意多样化，可以把课题竞赛和作业竞赛结合起来，平时竞赛和考试竞赛结合起来，个人竞赛和团体竞赛结合起来。总之，在学习竞赛中要鼓励学生以打破自己以前的记录为目标，充分调动每位学生的学习积极性。

第六节　中学生的学习态度

一、学习态度概述

(一)什么是学习态度

态度是一个人对人、对事、对物和对某种活动所持的一种接近或背离、拥护或反对的稳定概括的心理倾向。学习态度就是学生在学习情境中所表现出来的一种比较稳定的心理倾向。它通常可以从学生对待学习的注意状况、情绪状况、意志状态等方面加以判定和说明。学生的学习态度,具体又包括对待课程学习的态度、对待学习材料的态度以及对待老师、学校的态度等。学习态度由认知、情感和行为意向三种心理成分构成。认知成分是指学生对学习活动或所学课程的一种带有评价意义的认识和理解,它反映着学生对学习价值的认识,是学习态度的基础。情感成分是指学生伴随认识而产生的情绪或情感体验,如对学习的喜欢或厌恶等,由于情感本身就反映出学生的学习态度,因此,情感成分是态度的核心。行为意向成分是指学生对学习的反应倾向,即行为的准备状态,准备对学习作出某种反应。一般说来,学习态度的上述三种成分是相互协调一致的。

当外界事物作用于人时,如果符合主体的需要,就会采取肯定和满意的态度;如果不符合人的需要,就会产生否定和不满的态度。因此,学习态度的特点是,学生在情感上对学习表现出积极或消极,喜欢或厌恶,热情或冷漠等反应。态度有方向、力量或强度之分,学生的学习态度也有正确与错误、积极与消极、很积极与比较积极、很消极与比较消极之分。

(二)学习态度对学生学习的影响作用

态度是个人的内在心理结构,是外界事物与个体反应之间的中介因素。各种外界刺激作用于人时,人将做出怎样的反应,要受到态度的调节和制约。学习态度作为诸多非智力因素的核心内容,在很大程度上决定着学生学习的深度、广度、速度和效率。学习态度对学生学习的影响主要表现为以下几个方面:

1. 学习态度调节学生的学习行为

学习态度调节学习行为,还表现在学生对学习环境的反应上。当学生在学习态度与学习环境上保持一致时,就会积极努力地学习。但由于某些原因对学校环境产生不良态度时,则会回避学习环境并产生不利于学习的不良行为,如逃学、反抗等。

2. 学习态度影响着学生的学习效果

学习态度对学习效果的影响作用,已被许多实验研究所证明。积极的学习态度对学习速度有促进作用。1952 年,卡利在总结一项实验研究时指出,男女大学生对解决问题的不同态度,直接影响着解决问题的效果。我国心理学研究工作者近年来对小学生的学习问题进行了实验研究。研究结果表明,学生的学习态度直接影响着学习行为和学习成绩。喜欢学习、认为学习很有意义的小学生,上课注意听讲,按时完成作业,学习成绩优良。而那些对学习不感兴趣,认为学习无用的学生,课堂行为问题多,学习成绩差。

3. 学习态度影响学生的耐挫力

所谓耐挫力,是指一个人受到某种挫折时,能摆脱其困扰而免于心理和行为失常的能力,也就是个体能经得起打击或经得起挫折的能力。有关研究和实践都证明,一个人对挫折的耐受力与其对引起挫折的事物的态度密切相关。如一个认为学习很有意义、喜爱学习的学生,他在学习遇到困难或阻力时,其耐挫力较高,会表现出克服困难的精神;相反,一个认为读书无用、对学习不感兴趣的学生，学习中遇到困难或遭受失败时，耐挫力就低，容易灰心丧气。

（三）良好学习态度的特征

良好学习态度有以下特征：

1. 学习目的比较明确，有较高的自觉性。

2. 学习认真、积极、主动，有较强的学习责任感和饱满的学习热情。

3. 良好的注意状态，能控制自己的注意力。

4. 学习兴趣浓厚，热爱科学，喜欢学习。

5. 刻苦钻研精神，比较勤奋、刻苦、踏实、能自制、有毅力。

6. 较好的学习方法，重理解，不死记硬背，掌握一定的学习方法。

二、影响学习态度的因素

态度受直接经验的影响，它是在人们对人和事物直接认识和情感体验的基础上逐渐形成的。影响学生学习态度形成或改变的因素主要来源于家长、老师、教学过程、社会风气。

（一）家长

社会心理学的研究表明，个人态度总会受到社会上他人的态度的影响。这种影响主要表现为两个方面：一是个人态度受到他人态度的影响。如一个孩子对艺术或体育活动的态度，往往受其父母对艺术或体育活动态度的影响；二是个人固有的态度也可因他人态度的影响而加强或减弱，抑制或改变。就学生学习态度的形成来说，首先受其家长态度的影响。家长对科学文化知识的态度，对待子女学习的重视程度，在很大程度上影响着他们子女的学习态度。一些研究指出，大多数热爱学习、学习积极性高的学生来自重视文化知识的修养、求知欲高的家庭。这类学生的父母，大多是中高等学历水平。相反，大多数不爱学习、学习成绩差的学生，其父母学历很低，轻视文化科学知识的价值。从许多经验和日常生活观察中可以发现，那些关心子女的学习进展情况，对孩子的学习态度和学习行为不断给予指导、检查和奖惩的家长，促进了孩子积极学习态度的形成和学习成绩的提高。相反，在对孩子的学习不闻不问，任其自由发展的家庭环境中长大的学生，很少有积极的学习态度，很少获得优秀的学习成绩。

（二）教师

学生的学习态度，除受其家长影响外，还受到教师的影响。教师是教育者，他们的态度对学生学习态度的形成具有更大的影响作用。教师对所教学科的态度，即对所教学科的实用价值重要性的理解，在传授学科知识时表现出的热情，对学科进展成果的关心等，必然影响学生对该学科的态度。一位心理学家曾测试了 45 名初中一年级代数教师和他们所教的 1063 名学生对代数的态度，结果发现教师和他们所教的学生，不仅对代数的态度是一致的，对代数的实用价值的评价也是完全一致的。

教师与学生之间的关系是否融洽也是影响学生学习态度的一种不

可忽视的重要因素。如果师生关系和谐、融洽，学生喜欢任课教师，认为教师对学生热情、平等，具有很高的教学水平时，该学生对学习往往会产生积极的学习态度。在很多情况下，学生还会有意无意地吸取或模仿教师的某些行为，把教师作为自己心目中的楷模。相反，如果师生关系紧张，学生不喜欢一个教师，认为该教师不友好，不公道，知识水平不高时，学生在学习中容易产生消极态度。在这种情况下，教师构成了学生与学习之间的障碍，学生会因对该教师的反感、惧怕和抵触情绪，进而发展为厌烦该教师所教的那门课，对该门课的学习采取消极的态度。

（三）教学过程

教学过程中所涉及的学科内容、组织形式、课堂情境等都直接影响着学生的学习态度。许多研究表明，不同的教学形式和各种课堂活动情境下呈现出的生动有趣的教学内容，最能引起学生的学习兴趣，使学生产生积极的学习体验，从而形成或改变其学习态度。相反，在沉闷的课堂情境中，那些枯燥无味的学习内容、呆板的教学形式最易使学生产生并形成消极的学习态度。

（四）社会风气

青少年学生不可能与社会隔绝，所以他们的学习态度还要受到社会风气的影响。由于青少年学生的品德、价值观念等正处于形成过程中，所以，他们既容易接受良好社会风气的影响，也容易接受不良社会风气的影响。如目前社会上只讲金钱、拉关系等不良风气，就影响着学生对学习的正确认识，甚至扭曲了少数学生的心灵，使他们变得目光短浅，错误地认为“学与不学，学好学坏都一样”，因而学习态度变得消极。

三、学习态度改变的心理策略

学习态度一旦形成，就相当稳定，便会在学习中持续表现出来，以维持心理平衡。因此，改变一种错误的态度相对于改变旧的认识来讲，要困难一些，但并不是不可以改变的。态度的改变一是指方向的改变，如由错误改变为正确，消极转变为积极；二是指强度的改变，如由较积极变为更积极等。改变学生不良的学习态度可以采用以下心理学策略。

（一）通过认知失调来改变学习态度

当一个人的认知与另外一个人的认知在大体上一致时，可称为认知协调，反之，则为认知失调。学生在讨论某个问题、表达某种态度或看法时，往往出现认知上的协调或失调。我们可以利用学生在态度上的认知失调来帮助学生改变态度。如为了改变学生对某一问题的态度，可以给学生提供一种引起学生认知失调的信息，然后利用这种信息，来协调认知从而改变其态度。在利用认知失调改变学生态度的过程中，应估计到这种促进失调的信息要适中，也就是能恰好促进态度的改变，如果提供的信息造成了极端的失调，学生将会拒绝这种信息。

（二）通过角色扮演改变学习态度

可以通过让学生扮演另外一种人的角色的办法来影响其态度的改变。这个被选择的角色所抱有的态度正是我们期望学生所应持有的态度。例如，为了使学生改变他对某一课程学习的消极认识，我们可以让学生扮演某一课程的授课教师，站在讲台上向其他学生们宣讲本课的重要意义。为了使一个不重视遵守交通规则的学生改变其态度，我们可以让该学生扮演警察，在交通最繁忙的时候去指挥交通。通过这种角色扮演，使学生在从事实际活动的过程中体验新的态度和认识，从而学会在现实中接受一种新态度。

（三）利用权威改变学习态度

对大多数学生来说，权威的观点往往有较强的说服力。在利用权威的观点去说服学生以改变其态度时，首先应注意不要说出某些使学生产生防卫或戒备的话，如“我要改变你的态度”。有效的说服应建立在学生认为可以相信的基础上。同时，说服的内容要在学生可以接受和理解的范围内,并善于联系学生过去的经历或已有的经验,联系当前的事实或情境。

(四)通过认同和模仿来改变学习态度

一个人看到另外一个人实现了他具有的某种需要和期望时,这个人就会愿意认同另外一个人,并模仿那个人的行为。也就是说,学生们总是互相影响的,一个能力很强、在各项活动中起骨干作用的学生能影响其他学生的态度。一个教师在很大程度上可以作为学生的榜样影响学生的态度。因此,若要改变学生的学习态度,可以利用榜样或范例的力量来博得学生的认同和模仿。

第二章　中学生心理问题初探

第一节　逆反心理

一个刚上初一的男孩对自己最近的变化十分不解。

“我一向是个听话懂事的好孩子：父母让我写作业，我就会认真地去完成；父母批评我了，我也会积极改正。但是这段时间以来，我开始越来越无法忍受妈妈的唠叨和爸爸的指责。只要他们一开口，我不是顶嘴就是用漠然的眼神回应他们。我也不想这样，但根本控制不了自己，结果爸爸妈妈生气极了……我都有些害怕回家了，怕又引起一场我和父母之间的战争。我究竟是怎么了？”

对于孩子和父母来说，青春期是令人烦恼的过渡年龄。但如果能够正确认识到这种逆反心理，青春期就不再“可怕”了。

一、什么是逆反心理

所谓逆反心理，是一种以“对着干”为基本特征的心理行为反应。逆反心理有广义和狭义之分。广义的逆反心理，是指凡事都要反着来的心态，别人说东，他偏要说西，别人反感的，他偏要实行。在这里，持有逆反心理的人对内容并不在意，他最在意的是“反其道而行之”的表现。如他可能非常清楚“东”比“西”好，但为了“逆反”，而故意弃“东”就“西”。狭义的逆反心理是指受教育者在接受教育的过程中产生和表现出来的对教育内容或教育者的抵制和对立。

逆反心理由认知、情感和行为意向三个要素构成。

1. 认知是逆反心理的思想基础

青少年要产生逆反心理有一个前提，就是你的意见跟他不一致。这一点似乎不必强调，谁都能明白。用学术一点的话说，以价值观为核心的认知体系，决定主体对外界刺激的基本态度。当外部刺激与主体认知体系的基本理念相冲突时，主体必然产生对外部刺激的否定性的评价和态度。比如，你跟他谈艰苦朴素，说我们当年的那些个“粮票的故事”，并要求他也向我们学习，还说是中国人的老传统，他就会逆反：都什么年代了，还说这些？现在主张的是搞活市场，拉动内需。都像你们那样，这国家的经济还怎么发展呀？你跟他谈要攒钱，至少不要今天用明天的钱。他会跟你说今天用明天的钱是对自己的明天有信心的表现，能用银行的钱，那才叫本事呢。真是三个头的插座，插不进两个眼的插头。他跟我们想的根本就不一样。在他们眼里，我们早就落伍了，早就应该掉过头来，跟着他们年轻人小跑步了。而且，他们对我们的这种思维定式一旦形成，改变起来就相当困难。

2. 情感是逆反心理的助推器

情感对于逆反心理的形成，起着推波助澜的作用。一般而言，否定性的评价会引发否定性的情感，否定性的情感又会阻碍人对被否定的对象进行客观、理性的思考和评判。两代人之间有差异以后，成年人当然不会轻易“退出历史舞台”，他们总会以为自己并没有错，也总会坚持自己的主张，并希望影响青少年一代。这种立场，青少年当然是反对的，他们会对成人的劝告产生反感和抵触。他们对于自己有意见的成人，一旦产生了抵触的情绪，这种抵触的情绪就会泛化到对他的其他方面去。以至于在其他的方面，不管人家说得有没有道理，是不是科学，也先抵触了再说。因为他心理上不接受别人，因为他在感情上已经有了自己比较固定的反应方式。

3. 行为意向是逆反心理的外在形式

由于知、情、意是统一的，认知上的错位、情绪上的负性体验，在行为意向上就必然表现为抵触和逆行。此外，由于青少年往往处于被教育和被管束的地位，在说理方面无法与教育者抗衡，因此他们多以行为的反向来表示他们的不满和反抗。比如有些青少年，由于对家长的某些要求的反感和抵触，就故意采取与父母要求相反的做法，即是逆向行为意向的典型。

显然，逆反心理是发于认知、表现于行为的一种心理与行为的反应，而逆反心理多发于青少年，是与他们所处的地位和人生经验的缺乏相关的。青少年的逆反心理与行为多是不合理的，于他们的成长不利。一味地去责备、批评是不起作用的，甚至会使他们变本加厉；而放弃管教，任其自生自灭则是消极和不负责任的；随你听不听，我只管尽到说教灌输的责任，也是不明智的。

二、青少年的逆反心理可能带来严重的后果

青少年的逆反心理不仅是一个极为普遍的现象，而且这种现象常常引起几种可怕的结果：

1. 恶性事件。许多青少年成长中的突发性恶性事件，都是由于逆反心理的存在和教育者的失误产生的。

2. 人格扭曲。逆反心理还可能成为青少年性格扭曲的开端。这也是比较可怕的。第一种性格是粗暴。假设你经常地不能在道理上说服

他，而习惯性地用暴力压制他，结果是什么呢？结果很可能是他学会了暴力。与暴力相联系的是情绪化。逆反心理使青少年的理智感下降，情绪成了主宰他行为的根源，这样一来，在以后的社会生活中，他就很容易碰到各种问题。还有一种性格是固执。逆反心理所形成的性格一方面是对大人的反对态度，另一方面是自己行为的固执。逆反情绪会使青少年失去对自己的行为的反观能力，不知道、也不善于发现自己的问题，所以，就很容易固执。不仅如此，逆反心理还可能导致孩子自以为是的个性特点。如果事实没有能够很好地证明他是错的，如此反复若干次，他就会以为自己了不起，从而形成自以为是的毛病。这种毛病在社会生活中是挺讨人厌的，会给当事人带来种种麻烦。

3. 伤害亲情。逆反心理还可能带来的直接严重后果就是亲情受到伤害。在不少家庭中，都出现过由于没有能够很好地解决孩子的逆反心理问题，导致父母一方与孩子一方发生了冲突，于是出现了“不讲话”的情况。有一个家庭，父亲和儿子一年多没有讲话，大家都觉得自己的面子下不来。我们不去说这个父亲在这个事件中应该承担什么样的责任，就这个结果而言，是很糟糕的：亲情受到了伤害。也许到了多年以后，孩子才体会到父亲是爱他的，才后悔自己当初的行为。想改，想弥补，很可能已经没有机会了。所以对于这种不愉快的事情，我们一定要避免。

总体上说来，逆反心理是一种普遍现象，无法回避，必须面对。处理得好，孩子就会形成比较好的性格特点；处理得不好，就会影响孩子的发展。而且，逆反心理问题所引起的一系列麻烦，还可能导致一些可怕的后果，所以，我们必须关注这个问题。

三、如何克服逆反心理

走出青春期的泥泞，需要孩子和家长的共同努力。

1. 走出学校小天地。青少年的心理活动，会受到社会经济制度变革，文化、道德、法律等意识形态发展，善恶、美丑、是非荣辱等观念更新方面的影响。所以，要克服逆反心理，青少年不能仅局限在学校这个小天地里，要置身社会，把自身思想情操等各方面的培养同社会政治生活、经济文化活动以及社会道德风尚联系起来，提高心理上的适应能力，使自己能更好地适应社会，不致迷失方向。

2. 要学会正确认识自己，努力升华自我，要学会自我教育，经常思考自己，主动设计自己，并自觉能动地以实际行为努力完善或造就自己，著名教育家苏霍姆林斯基说过："真正的教育是自我教育，教育就是要迫使人去思考自己。"科恩在《自我论》中谈到自我教育时说："在关系到最高生活价值方面，教会别人是不可能的，每一个人都应自己教育自己，可能做到的只是帮助他更深刻地理解周围世界和自己，成为自己，实现比他身上现有的更好的东西。"科恩的论述说明，克服逆反心理的最好办法是进行自我教育。

3. 教育工作者须尽到义务。引导青少年的逆反心理是教育工作者的义务。教育工作者要懂得心理学和教育学，要掌握好青少年心理发展不平衡性这个规律；不失时机地帮助青少年克服消极心理，使其心理健康发展。教育工作者要努力与青少年建立充分信任的关系，要与他们交朋友，以诚相待，以身作则，杜绝出现“台上他讲，台下讲他”的情况发生。教育者要爱护和尊重青少年的自尊心，选择合适的教育方式和场合，注意正面教育和引导，坚决反对以简单、压制和粗暴的形式对待青少年。在人们的心灵深处，最渴望他人的赞美，赞美是一种鼓励，它在人们心灵深处植入的是信心和力量，播种的是奋进向上的种子；它是一种兴奋剂，让人更加充满活力和精神；赞美还是一种认可、一种肯定，能使人们坚定发展的方向。相反，批评虽然可以帮助受教育者认识错误，但其心理是不悦的，至于粗暴的批评，更是一种适得其反的做法。对青少年逆反心理的调适应采用少些批评多些鼓励、少些训斥多些赞美的方式。

4. 社会工作者要负起责任，实现社会风气的根本好转。青少年中逆反心理的产生，社会大环境的影响至关重要。无数事实表明，实现社会风气的根本好转，对于克服和防止青少年逆反心理大有裨益。

第二节　嫉妒心理

一家法院曾经审理过一桩案件：

一所大学心理学系的女研究生将同宿舍的一个同学推上了被告席，原告与被告以前关系不错，两人的成绩不相上下，因此彼此又在暗中较劲。

快毕业的时候，两人都参加了托福和GRE考试。原告成绩较优秀，遂向美国一所著名大学提出申请，不久被告知每年可获得全额硕士奖学金。

原告十分高兴，便一天天等着对方的正式录取通知。被告考砸了，心情本不快，又看到原告的模样，心中更加嫉恨，决心治一治对方。

原告左等右等，迟迟不见正式通知的光临，就托在美国的同学去该校打听，校方说曾经收到原告发来的一份电子邮件表示拒绝来该校，因此校方只好将名额转给别人。原告闻此消息，一下子便惊呆了，冥思苦想这到底是怎么回事。后来，她多方调查，才发现是被告盗用了她的名义向美国发了一封拒绝函。

原告怀着愤怒的心情，将此事诉诸法庭。在法庭上，尽管被告声泪俱下地向原告道歉，说自己是一时嫉妒昏了头，法院最终还是判被告赔偿原告的损失，由于此事影响颇大，被告遭到学校开除学籍的处分。

是什么害了上述案件中的两个少女？答案就是：嫉妒！

请再看下面的案例：

张芳聪明伶俐，常常考第一，深得老师和家长的喜爱。她生活的环境中，各方的赞扬常常不绝于耳。这种环境令她做其他事也非常自信，她喜欢走在前面，事事总要和同学比个高低，幸运的是，她常常能拿到第一。

后来，班里转来了一个叫李静的女生，长得非常漂亮，学习也很优秀，她俩成了一对非常要好的朋友。后来，李静的成绩渐渐超越了张芳，占了第一名的位置。老师和同学们也对李静赞不绝口，对张芳的关注度有所降低。张芳心里感觉很不舒服，对李静表面欢迎，暗中嫉妒，慢慢疏远了李静，还在背后说李静的坏话。

最让张芳受不了的是，李静的成绩越来越优秀，稳坐了第一名的交椅。看到成绩上的差距，张芳感觉自己再也比不过李静了，心理失衡，妒火中烧。她开始持续性地失眠，冲动的她在一次考试前吃饭时，偷偷把泻药放在了李静要吃的食物上。考试中，李静头晕目眩，后来晕倒了。

李静被送往医院，经过抢救转危为安。经检验，医院确定李静系药物中毒所致。经调查，警方很快确认了投毒者是张芳。由于张芳未满18岁，警方以投毒罪拘留了她15天。张芳在拘留所里终于悔悟：嫉妒害了自己。她认错态度好，诚心向李静道歉，李静及家人原谅了她。

案例中的女孩原本是一个优秀的孩子，但在嫉妒面前扭曲了心灵，给自己加重了思想负担，又陷入了伤害别人的深渊。

一般来说，适当的嫉妒是有好处的，它可以唤起人的紧迫感，意识到自己的落后，从而加快速度，调动潜力，促进进步。嫉妒一旦超过了一定的限度，就成了一种负面心理。嫉妒是因为不如别人或对别人拥有的事物，怀有一种本应属于自己的心理，进而产生了一种怨愤的情绪或行为。不只是孩子，大人们也会常常因嫉妒而滋生各种矛盾，甚至影响身心健康。孩子控制行为的能力差，又不像大人那样善于隐藏，他们的嫉妒心理往往强烈而奇怪。

嫉妒心理的产生，主要是因为孩子害怕别人在某方面超过自己，有一种危机感，这种危机感使他们从潜意识里试图削弱对方的力量，甚至攻击对方。嫉妒的原因有自身的，也有外界影响的。自身的原因是，孩子知识浅薄、气量狭小、虚荣心强，发现自己技不如人，心理上产生恐惧和担忧，不想通过正当方法超过别人，而是希望看到对方退步。

另外，父母错误的教育观影响了孩子。他们将社会竞争的理念灌输给孩子，将孩子的进退荣辱与其他孩子进行比较，导致孩子认为别人不应比自己强，否则，自己就会受到父母的惩罚。具体来说，孩子常常会因别人学习比自己好而嫉妒，常常会因为别人受称赞而嫉妒，常常会因为同学关系亲疏而嫉妒，常常因别人的条件比自己好而嫉妒。

嫉妒让孩子忍受内心的煎熬和痛苦而不能自拔，久而久之，使孩子形成自卑的性格。被嫉妒扭曲心灵的孩子往往采取不正当的手段去伤害别人，将自己处于更加不利的处境。而且，嫉妒者容易引起被嫉妒者和其他同伴的反感，破坏了和同学之间的关系，使自己处于更加孤立的境地。

青春期的孩子更容易陷入嫉妒之中，因为处于人生重要阶段的他们非常敏感，身体迅速发育，趋向成熟，积聚了大量的能量，容易产生冲动和兴奋。另外，他们学习任务繁重，不得不面对激烈的学习竞争，心理压力很大，对自己和别人的成绩和条件反应非常敏感。再就是，社会中的各种诱惑和压力纷至沓来，如何适应和立足以后的社会等，这些问题弄得调控能力不如成人的他们时常处于矛盾的纠缠之中。

总之，嫉妒作为一种负面情绪：毒害着孩子的心灵。父母可采取以下切实可行的教育措施予以消除：

1. 引导。并不是所有的嫉妒都不可救药，父母只要引导得当，就可以把它变成积极进取的动力，从而使孩子不断超越自己，迎头赶上别人。

2. 帮助孩子认识自己的长处。父母应教孩子不要只盯别人的长处、自己的弱点，应认清自己的优点，扬长避短，才能不断超越自己，超越别人。

3. 帮孩子树立自信。孩子嫉妒往往是由于不自信引起的负面心理。当父母帮孩子克服不自信的心理之后，孩子就会树立起正确的竞争观，知道自己如何做才能赢得对手，而且还会变得豁达起来，笑对人生。

4. 正确评价孩子。表扬和鼓励是一把双刃剑：得当的表扬和鼓励，可以挖掘孩子的潜力；不当的表扬和鼓励，使孩子滋生骄傲，进而看不起别人。被过分表扬和鼓励的孩子常常心胸狭小，目光短浅，看到优秀的孩子时，产生嫉妒心理。所以，父母对孩子不要过分赞赏，更不要过分指责孩子，应帮孩子认清自己的长处和短处，和同学之间应相互学习，取长补短，共同进步。

第三节　青春期偶像崇拜心理

在青少年的日常生活中，我们可以看到许多的偶像崇拜现象，诸如明星崇拜等，有的甚至还具有相当的负面特征，如暴力崇拜等。

偶像崇拜是青少年发展过程中可能经历的阶段，其内容和方式可能随文化背景和个体差异有所变化。在一些青少年身上表现得强烈一点，而在另一些青少年身上则表现得不是过于明显。青春期偶像崇拜与青少年心理成熟过程密切相关，是特指伴随现代青少年发展过程，并反映其文化心理和行为方式的一种特殊文化心理现象。如暴力崇拜在一定程度上是这一年龄特有的冲动性和攻击性情绪特征的表现。偶像崇拜尽管存在个体差异和多样化特征，但就整体而言具有一定的选择倾向，其共性的文化特征是“流行性”、青春性和情感性。它以强烈的情感色彩感染和支配着青少年的内心世界，使他们被所崇拜的偶像深深地吸引，并产生情感的依赖和共鸣，常常是将整个身心融入青春偶像的精神世界之中。

当前，青春期偶像崇拜主要有三个原因。

首先，追星的青少年是要追寻自我。当他们或早或迟地走过童年，面对纷繁的世界时，往往会感到无所适从：“我是谁？我从哪里来？我要到哪里去？”他们这种内心深处的困惑缘于心中没有建立起一个稳定的自我形象，即所谓“自我同一性”。此时，他们开始思索自我的意义，他们急需一个看得见、摸得着的活生生的形象作为自我的代表。他们在公众人物中寻找那些具有自己欣赏特点的人物，于是明星出现了。如果明星能够有足以让他们佩服的表演，就会成为被崇拜的偶像。从这个角度来说偶像是崇拜者的代言人，是崇拜者的理想自我，也是崇拜者心目中的未来。

其次，偶像也是青少年心目中父母的替代品。青少年在生理上有了突飞猛进的发展，但心理上的发展却远远滞后。由于生理上的发展，他们认为自己已经长大了，希望能够独当一面，渴望摆脱父母的控制。然而，他们有限的生活经验又使他们不能没有父母的帮助，这种矛盾状况使他们感到很苦恼。因此，他们选择崇拜拥有能力、地位和独立的偶像，希望通过偶像崇拜来实现独立自主的目的。某种意义上，这不过是将偶像作为了父母的替代品，让偶像来行使父母对自己的控制。

再次，偶像崇拜也是青少年融入自己团体的一种手段，有些追星族是为了保持与同伴的一致而被卷入追星的行列的，相比之下他们是二流的追星族。他们追求的是让自己有所归属，是为了让自己和别人知道他属于那个团体。所以，他们需要知道大家正在讨论的明星的生日、星座和爱好。

对于这一现象，尽管我们不能过于夸大它的破坏性，但它的确以某种特有的方式越来越强烈地影响着青少年的精神生活和个性发展。青少年偶像行为在心理学和教育学上都具有极其重要又极其复杂的意义，既有积极功能，又有消极的影响。

青春偶像崇拜的利处之一是为青少年的成长提供了奋斗的目标。“治天下者，必先利其志”，志向、目标是到达成功的前提。这就好比在黑夜中航行的船只，需要灯塔指引航向一样。而那些头顶光环的青春偶像们，不就像那黑夜中的灯塔吗？有了他们，我们才能最大限度地减少触礁、翻船的危险。仅有雄心壮志是未必能成功的，还要有坚持奋斗的动力。而青春偶像崇拜的利处之二，正是为青少年成长提供了奋斗的动力。青春偶像具有巨大的感召力，因此同样一句话从偶像嘴里说出来所产生的震动能千百倍地超过父母、朋友的话。青少年也会因此而以极大的热情和动力，去努力奋斗，提高自己，挑战自己。偶像崇拜还有利于青少年在巨大的升学压力下找到一个放松自己的渠道。

如果崇拜的是“正面偶像”，比如雷锋、张海迪、比尔·盖茨、霍金，我们获得的就会是正面的影响；但如果崇拜的是反面偶像，或者崇拜方式过于片面，则可能造成很可怕的后果。

大连某花季少女，对某歌星一往情深，她不但经常和同学讨论、赞美该明星的种种，而且热衷于追逐所有与他有关的消息。得知该明星出新专辑后，该少女迫不及待地向母亲要钱购买。当母亲劝她以学业为重，一心一意准备考试，并拒绝给她买光盘之后，该少女竟然为此自杀，以身“殉偶像”，实在让人扼腕叹息！

青少年偶像崇拜若对生活现实和道德原则造成了破坏，使他们的精神世界被偶像迷恋所占有，此时现实世界就变得虚无缥缈，道德因离开人的意志而失去对人的行为的支配力。在这种情况下。偶像冲动可能代替道德自律，从而导致不良的行为结果。

所以，青春期少女在偶像崇拜中一定要注意分好两个尺度：一是给自己一个充分的理由。仅靠外貌和身材选择偶像是肤浅的，也不会有太大意义。迷恋流行文化、追求感官体验、从外部形象上追求偶像价值，无疑对她们的道德理解力产生消极影响。比如，一些少女崇拜偶像的行为习惯，甚至生理缺陷等。二是适度，如果到了走火入魔、过分狂热的地步，那就危险了。

第四节　厌学心理

我的一个学生，非常讨厌学习，所以成绩很一般。令人惊奇的是，他在一次智商测验中，得了98分。如此高的智商成绩在其同龄人中极其少见，可惜的是，高智商并没有给他带来高成绩，根源在于他对学习不感兴趣。按他的话说：他一上课就开始发困，一看课本头就大，除了学习，他做什么事情都很漂亮。

孩子不是一无是处，有较高的智商和坦率的性格，能配合老师进行交流，而且是一个比较有主见的孩子。交流中，他承认自己贪玩，有时不能控制自己，但不像他母亲说的是一个极不懂事的孩子。他母亲非常看重孩子的学习，其观点偏颇的原因在于她儿子的不学习，出现教育孩子的挫折感。她有时甚至说要辞去自己的工作专门教育孩子。她向我透露："孩子知道体贴父母，倒也聪明伶俐，但就是成绩上不去，该行的不行。现在，他只要一回到家，我就条件反射地让他做作业。唉，他就是不争气，一直让我担心。"

孩子的天职就是学习，从成人的角度来说，不学习的孩子就是不敬业的孩子。孩子在长大成人之后，没有知识的武装，寸步难行，只能从事简单的体力劳动，这对希望孩子有出息的父母来说，是绝对难以接受的。

这个孩子是令人遗憾的，有着高智商却不用学习来拓展自己，前景令人担忧。无数的生活事例和经验表明，智商

再高的人如果放弃后来的努力，都一无所成。相反，那些天资平平经过后天的努力取得大成就的人比比皆是。另外，孩子讨厌学习，父母不能一味地怪孩子不听话，应多方面地检视自身，究竟是什么原因导致孩子讨厌学习。

不可否认的是，厌学是孩子学习的主要障碍，它却在很多孩子之中真真实实地存在着。热爱学习应该说是孩子进步的一种天性，但被父母过于看重，在孩子那里也就慢慢变味了。在一次有关学习的调查中，近四成的孩子认为学习是很被动、令人心烦的事。许多厌学的孩子曾在家长的陪同下，做了学习能力和智力测试，其知觉、动作和听觉方面均正常，甚至超常，就是在学习方面抬不起头来。

一个孩子不愿学习或患了厌学症时，在某段时间内对学校长期怀有恐惧心理，不能参与和适应学校生活的规律。恐惧让孩子产生一系列逃避上学的行为，比如，孩子常以生病或头痛为借口表示自己拒绝上学，被父母强制上学时，便哭闹不止。孩子如果不愿意上学，而是愿意待在家里，很可能与学校有直接的关系，比如，孩子与周围同学、老师的人际关系不好；孩子如果拒绝父母要求其学习，那就是父母的教育方式出了问题。总之，父母要弄清究竟是什么问题困扰孩子不愿意上学。

其实，孩子讨厌学习最直接的原因还是我们成人给孩子造成的。如今，孩子背负沉重的学习负担，陷入到繁重的学习之中，加上无休止的考试，他们怎么能不疲惫、不厌学？除此之外，多少也与学生自身的个性特征有关系，但只要引导得当，他们就一定能学习好。

学校是导致孩子厌学的一个重要原因。学校的功能是教学育人，本来是促进孩子学习的，但其高标准、严要求的教学模式使学生不堪忍受，

特别是一些老师呆板和烦琐的教学方法直接影响到了孩子学习的积极性。而且，老师在教学的过程中，过分注重学生考试成绩的高低，忽略了孩子其他方面的素质，对他们单方面的错误评价，伤了孩子的自尊，使他们有了抵触心理。一些老师往往因为学生成绩不好或平时表现不好，就全盘否定他们，甚至公然歧视他们。这也是厌学孩子消极学习的原因，直接推动了孩子厌学情绪的出现。

除了学校之外，家庭教育不当也是孩子厌学的重要原因。家长总对孩子怀有过高的希望，认为自己的孩子必是“状元”。当孩子考得好时，家长脸上洋溢着笑容，感觉离自己的希望很近；当孩子考砸时，家长脸上则乌云密布，认为孩子没救了，心中有一种挫折感。在教育孩子的过程中，家长很大程度地停留在不断地批评和否定孩子身上，而不是心平气和地帮着孩子查找原因，导致孩子受不了家长的唠叨而讨厌学习。还有，父母是孩子的启蒙老师，对孩子具有榜样作用，其学习态度和学习行为在不断地影响孩子。家长如果对知识不重视，对自身素质的提高也不重视，在平时的生活中不能表现过多的学习动机和学习行为，孩子也会这样，不去重视知识的学习。厌学的结果是孩子经常逃学、旷课，导致孩子的学习效率下降，学习成绩下降。孩子在家长严加管教的情况下，认为学习是一件非常非常痛苦的事情，并伴随着父母批评的急风暴雨，无论怎样努力，结果往往证明自己不行。

然而，很多家长不认为自己的教育方式有问题。面对孩子的不配合学习，家长非常着急，只好采取强制教育。一个家长捶胸顿足地说：“老师们都夸孩子聪明，认为孩子如果把三分之一的心思用到学习上就会成为班上的优秀生。可孩子就是不争气、讨厌学习，我教也没用。”

作为一个孩子，如果想在以后的人生中有所作为，学习必须好。社会把教育孩子的责任推给了学校，学校要在有限的时间内同时教育好每一个孩子是不可能的，只有家长才能最直接、最快速地提高孩子的学习。要想让孩子热爱学习，需要一个过程，尤其需要注重教育方法。父母对孩子既不要过于放松，也不可过于急躁，更不能撒手不管。这个过程要求父母从自身开始做起，一点一滴地感染孩子。

那么，家长如何才能拉回厌学的孩子呢？

1. 父母要给孩子提供一个良好的学习环境。良好的环境是孩子学习好的前提，别骚扰孩子。孩子做功课时，家人不要大声说话，更不能看电视或听音乐，父母没有必要时不要轻易打扰孩子学习，让孩子在安静的环境中做功课。

2. 家长要了解孩子目前的学习状况。父母望子成龙，对孩子有着过高的期望无可厚非，重要的是先了解自己的孩子，知道孩子处在什么样的位置，然后循序渐进。但很多父母往往过于急切，恨不得一股脑儿地把所有的知识强塞进孩子的大脑，让孩子无法消受。聪明的父母教育孩子知道从哪里着手，而不是一开始就给孩子增加过高的压力。

3. 肯定孩子。父母在教育孩子的过程中，尽量杜绝批评，心平气和地指导孩子，对孩子的点滴进步要给予欣赏鼓励。对孩子作出肯定的评价，鼓励、表扬孩子。孩子特别注意别人对自己的评价，父母应多鼓励和表扬孩子，树立他们学习的自信心，然后不断克服孩子面临的困难，慢慢培养他们热爱学习的习惯。孩子在学习或探索事物的过程中积极性高，发现“新大陆”时，急于与父母分享，以得到父母的肯定和共鸣。父母这时首先应肯定孩子作出的努力，以便让孩子有充足的信心继续学习，然后迂回指点他，比如问他“这样是不是更好一些”？注意，千万不要打消孩子学习、探索的积极性。

4. 父母要培养孩子学习的兴趣，激起孩子学习的强烈好奇心。父母要做到松弛有度，给孩子缓冲的时间。孩子都有一颗好奇心，能努力地用自己的方式去认识这个世界。父母可与孩子一同去惊叹、提问和讨论，丰富他的知识，提高他对陌生事物的认识兴趣。

5. 注重方法。孩子遇到学习困难时，父母要给予帮助解决。父母要帮助孩子多找一些正确有效的学习方法，不让孩子疲劳作战，而应以质取胜。

6. 父母要让孩子相信自己的老师，即“尊其师，信其道”。孩子学习时，对老师才不会有抵触心理。

7. 家校合作，共同教育孩子。父母应和学校加强联系，就教育孩子的问题达成共识，联手共管，相互反馈，使孩子得到提高。

8. 不要激发孩子的反抗意识。父母在检查孩子学习的过程中，不可操之过急，更不能以成人的标准要求孩子，尤其不要发怒、批评孩子，否则，这些不当的态度直接影响到孩子的心情，激发他们反抗意识或心生恐惧而不予配合。

9. 不要让孩子学习过久。受生理的限制，孩子集中学习的时间不宜过久。有的父母不注意孩子的学习时间，甚至长时间地强迫孩子做功课。不仅影响孩子的学习效果，而且还对孩子的健康产生不良影响。

10. 让孩子学会独立思考。孩子学习成绩差的一个重要原因在于孩子不愿意独立思考，低年级的孩子常常依靠父母来解决问题。因此，父母要积极鼓励孩子进行独立思考，不要让孩子养成依赖自己的坏习惯。

第五节　正确对待虚荣心

每次读莫泊桑的短篇小说《项链》，都让人感慨万分：玛蒂尔德为了能在舞会上引起注意而向女友借来项链，最后在舞会取得了成功，但却乐极生悲，丢失了借来的项链，由此引起负债破产，做了十年苦役才还清这一项链带来的债务。值得吗？

造成这一悲剧的主观原因却是她自己——因为爱慕虚荣。

莫泊桑用了大量笔墨描写玛蒂尔德因羡慕虚荣而产生的痛苦："她觉得她生来就是为着过高雅和奢华的生活，因此她不断地感到痛苦。住宅的寒碜，墙壁的暗淡，家具的破旧，衣料的粗陋，都使她苦恼……她却因此痛苦，因此伤心……心里就引起悲哀的感慨和狂乱的梦想。她梦想那些幽静的厅堂……她梦想那些宽敞的客厅……她梦想那些华美的香气扑鼻的小客室……她没有漂亮服装，没有珠宝，什么也没有。然而她偏偏只喜爱这些，她觉得自己生在世上就是为了这些。"

提起女孩的虚荣心，大家自然就会想到女孩"爱面子"。

通常两个女孩一碰面，彼此就会从头顶打量到足尖，然后打听对方的服装、饰品、身边物品价钱多少，哪里买的，恨不得自己马上去买。要是自己经济能力有限买不起的话，心里就会好一阵失落和难受。

考试前，不甘落后的女孩"夜里挑灯看书，梦里继续做题"，使出了吃奶的劲，第二天还要故作轻松地埋怨自己没好好复习。考试结束后，忙着打探他人的成绩，倘若自己得分低，就觉得太丢面子。

虚荣心并不可怕，只要是一个有着正常思维的女孩，都会有虚荣心。小小的虚荣心是可以催人奋进的。

但凡事都有两面性，如果过于注重外在的东西，为了满足虚荣心而超出了自己的能力范围，就会走向极端。

一个家境贫寒的女孩为了追求时髦，不惜借钱购买高档衣服，还借钱买了项链、戒指来炫耀自己。周围人羡慕地夸奖她有钱，她只说是爸爸妈妈帮她买的。有一天门口堵满了要债的人，周围的人才明白过来是怎么回事儿。

过强的虚荣心就是扭曲了的自尊心，是自尊心的过分表现，是一种追求虚表的性格缺陷，是人们为了取得荣誉和引起普遍的注意而表现出来的一种不正常的社会情感。虚荣心男女都有，但总的说来，女性的虚荣心比男性强。因此，虚荣心带给女性的痛苦比男性大得多。虚荣心过强的人，其深层心理就是心虚。表面上追求面子，打肿脸充胖子，内心却很空虚。表面的虚荣与内心深处的心虚总是不断地在斗争着：一方面在没有达到目的之前，为自己不如意的现状所折磨；另一方面即使达到目的之后，也唯恐自己真相败露而恐惧。女孩如果被这来自两方面的矛盾心理所折磨，她们的心灵总会是痛苦的，完全不会有幸福可言。

虚荣心强的女孩往往都不愿脚踏实地地做事，而是经常利用撒谎、投机等不正常的手段去渔猎名誉。她们在物质上讲排场、搞攀比；在社交上好出风头；在人格上又很自负、嫉妒心重；在学习上不刻苦。

怎么判断自己是否有严重的虚荣心呢？

· 你是否常常孤芳自赏。

· 你是否经常把时间与钱财浪费在化妆与美容上。

· 你是否喜欢别人称呼你的什么头衔。

· 你是否喜欢向人炫耀自己家庭成员或亲戚中较有地位的人物。

· 你是否嫌弃家庭经济困难的同学。

· 你是否稍有成绩便自吹自擂，唯恐他人不知道。

· 你是否常为考试成绩不佳找借口。

· 你是否在与同学谈论中，常强词夺理、文过饰非。

· 你是否不顾家庭实际情况，硬撑阔气，摆出一时的“豪爽大方”。

· 你是否常常掩盖自己的短处。

· 你是否对批评耿耿于怀，过分爱面子。

倘若以上几点你都满足，那么你的虚荣心就属于“超标”类型了。

如何走出过分虚荣的泥潭呢？

1. 要有正确的人生追求

一个人有崇高的理想、正确的动机，就不会通过不正当的手段来炫耀自己，就不会徒有虚名。

2. 克服盲目攀比心理

俗话说：“人比人，气死人。”横向地去跟他人比较，内心永远都无法平衡，会促使虚荣心越发强烈，一定要比，就跟自己的过去比，看看各方面有没有进步。

3. 珍惜自己的人格

高尚的人格可以使虚荣心没有机会抬头。

一个人追求一种表面上的荣耀、光彩的心理是再正常不过的，但是过分的虚荣心是一种不良的心理反应，对人的危害是极大的。青春期的女孩，请正确对待虚荣心，让虚荣心成为一种前进的动力，不要让虚荣心盲目膨胀而付出惨重代价！

第六节　摆脱网瘾

“衣带渐宽终不悔，为伊消得人憔悴。”这句话是对迷恋互联网的青春期少女的“最佳写照”。

据调查，全世界有1140万人患有不同程度的互联网成瘾综合征。专家为“网络成瘾”确定了诊断标准：上网已成为生命活动中的必需，由此产生心理、生理依赖性。强令终止便会出现戒断症状，如网瘾者感到空虚、无聊、烦躁、抑郁，甚至出现暴力倾向，网瘾问题已成为社会毒瘤。

一些孩子由于涉世不深，家庭监护又不到位，受到了网络不良内容的伤害。我们常常把网瘾归咎于社会等外部因素，实际上，家庭因素导致孩子有网瘾占的比例高达七成左右，比如，缺少父爱或母爱的单亲家庭、缺乏监管的家庭、亲子关系紧张的家庭、父母专制难以沟通的家庭。

如今，电脑成了一种普遍使用的工具，无论在学习、办公、生产中都得到很广泛的应用。为了共享资源，互联互通就成了必然。所以，互联网在生活中越来越普遍，我国拥有数亿网民，当然也带来了各种问题。这是科技发展使然，谁也不能阻挡这一潮流。

好在网络越来越多地被运用在生活和工作中，而不仅仅是娱乐的虚拟世界，它正日益改变着人们的生活。总之，它好像一把双刃剑，里面具有巨大的教育资源，对孩子来说是宝藏。对父母来说，孩子的网瘾宜疏不宜堵。只有进行有效疏导，才能防止孩子在假期爆发网瘾。并用网络为学习和成长服务。

网络是一个虚拟世界。来自中国孩子网瘾数据中心的报告显示，我国的网民中孩子的数量十分巨大，同时网络成瘾状况也非常严重，网络成瘾的孩子占孩子网民总数的近 10 个百分点。有网瘾的孩子上网的主要目的是聊天和交友，其次玩网络游戏等娱乐性项目。95％有网瘾的孩子的学习成绩一直处于下滑状态。

心智不成熟、不谙世事的孩子最容易受到网络的诱惑，孩子上网成瘾已变成一个不可忽视的社会难题。网络是一个令人眼花缭乱的花花世界，但网络社会存在很多的不规范现象，网民往往戴着面具出现在网络中，与实际的行为相差很大，孩子容易被欺骗。

网络爱情就像肥皂泡，涉世未深的孩子最容易被吸引，坠入其中而不可自拔。网络游戏就像时时张开的血盆大口，一不小心就将我们好奇、毫无防备的孩子吞入其中。原因在于：一是游戏开发商和运营商投资运营的游戏当然是越吸引人越有人玩，他们也就达到了赚钱的目的；

二是网络监管限制孩子上网工作做得不到位，游戏运营商得不到有效监管。

孩子网瘾的危害巨大，沉溺网络已经成为了暴力、辍学、早恋的主要诱因，而大量处于青春期的孩子居然是因为网络而陷入了迷茫！网瘾患者由于上网时间过长，大脑神经中枢持续处于高度兴奋状态，会引起肾上腺素水平异常增高，交感神经过度兴奋、血压升高、植物神经功能紊乱；此外，还会诱发心血管疾病、胃肠神经官能症、紧张性头痛等病症。严重时，甚至引发种种异于往常的言行举动，致使当事人酿成大祸。

陶宏开教授曾经说："中国千万个青少年的堕落，千万个家长的不幸都是从不健康的网络开始……"字字惊心，警钟长鸣！

那么，是什么原因导致孩子频频接触网络呢？权威调查显示，网瘾孩子沉溺网络常常有如下原因：

1. 孩子在家里不被接纳、认同，容易在网上寻找成就感；

2. 很多孩子并没达到陷入网络的程度，而父母强制控制孩子上网、断网，使孩子有了强烈的逆反性，陷入了网瘾；

3. 现在大多数的孩子都是独生子女，他们缺乏精神上的关爱，比如伙伴关系、游戏和亲情，这些东西往往是成长中不可或缺的东西；

4. 在学习压倒一切的评价体系下，孩子的压力巨大，容易在网上释压，导致"放松过度"，被网络吸纳。

孩子沉溺于网络，醉心于这个虚拟世界，在生活中具有一定的典型性。今天，网络成瘾的孩子还真不少。特别是在假期期间，网络成了孩子的天下。孩子沉溺其中时，即使天塌下来，也不会关心发生了什么事。网瘾被人们称为情感冷漠症，长期困扰着成长中的孩子。在这里，网络成了孩子们精神的天堂，彻底改变了孩子们的生活。

孩子在迈向成人的过渡中，有着独特的心理特征，他们热情奔放，又敏感有加。而且他们对一些事物容易一叶障目，又听不得别人的意见，即叛逆难驯。就是这个被叫做互联网的平台为他们提供了这种方便，对他们有着独特的吸引力。他们在这里有很大的选择性，总能找到自己的“知音”。

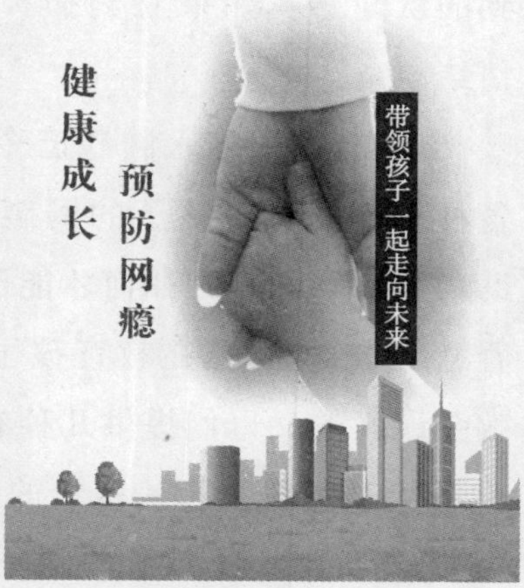

他们思想天真、稚嫩，自制力和责任意识缺乏，生活充满矛盾，而在这里可以游刃有余，游戏里面的晋升和荣耀都可以很容易地实现，在这里获得的满足自然比流血流汗来得容易。困惑时，他们在这里又可轻而易举地找到发泄的途径。对于控制力较差的孩子来说，网游是他们理想的避风港。而且，极具创造性、幻想性的网游都与他们的思维相契合。

孩子在这里首先找到的是乐趣，随着时间的流逝，乐此不疲。在网上，孩子几乎可以做生活中的一切事情，交友、听音乐、看新闻，等等。什么事物都有利有弊，网络也不例外。孩子沉浸在网络的快乐中，却发现自己的记忆力忽然下降。他们即使不在电脑前，半夜也不忘起来看个究竟。后来，孩子从精神依赖发展到躯体依赖，每天起床后，情绪低落、头晕眼花、疲劳无力，直到上网后才恢复正常。

生活在社会中的我们一般不会以网络代替生活的。当头疼于孩子的网瘾问题时，做父母的应该反思自己的教育和家庭了。实际上，父母过于担心孩子了，大大低估了孩子的自我控制能力，认为孩子一旦上网就会变坏，就会成为问题孩子。其实不然，大部分孩子都能做到健康使用网络。出现问题的孩子都是由于家庭自身的问题所致。

大多有网瘾的孩子由于各种各样的问题，急于脱离父母的羁绊，渴望进入一个全新的世界。当外界如果不能满足他们这一需求时，他们只好将手伸到网上。网络就给了他们这样一个精彩绝伦的世界，驻足、流连忘返就不可避免了。孩子在这里很容易获得在实际生活中所不能得到的认同感。如果立刻撤掉他们的电脑，他们就会出现紧张、郁闷等情绪。

现在，孩子陷入网瘾已令父母大为苦恼，甚至不理解。父母采用了各种手段来对付孩子的网瘾，可问题依旧存在。困惑的父母感觉很无助，心底不断念叨“如何才能治好孩子的网瘾呢”？父母之所以陷入困惑着急之中，主要是在教育孩子戒除网瘾中走入了误区。在这里，给陷入教育误区的父母们提供几种有效的方法：

1. 从源头上根治孩子的网瘾。父母不要只是单纯地禁止孩子上网，否则，不仅治不了孩子的网瘾，而且会使孩子偷偷地上网。其实，父母是导致孩子网络成瘾的第一位原因。孩子的网瘾不是无端的，而是有来由的，比如，考试受挫、父母离异等都可以成为诱因。父母应该从源头上治疗孩子的网瘾，关键是倾听、理解和引导孩子。

2. 让孩子认识到网络只是虚假世界。无论网络多么美妙，看起来多么真实，毕竟是虚拟的，不能代替现实的生活。它只是满足了孩子心理上的一些需求，而不能代替实际生活的拼搏进取，不能因为上网而放弃一切。这样一来，孩子就比较容易控制住自己。

3. 扩大孩子的人际交往。网络犹如一个美丽的肥皂泡，终究抵不过真实世界的魅力。增加孩子的人际交往，培养孩子多方面的兴趣，可以有效戒除孩子的网瘾。忙于其中的孩子可以减少对网络的依赖，没有了那种不上网就没事做的感觉。

4. 教育孩子有节制地上网。人无论做什么，都要有所节制，包括工作，上网更不用说。父母要让孩子意识到长时间上网对身体的危害。比如，长时间上网会伤害关节、颈椎和腰椎，等等。

5. 走近陷入网瘾的孩子。教育陷入网瘾的孩子不要只是反复强调、灌输，父母要做的就是唤醒、走近、倾听，走进孩子的内心世界。这是一

种非语言性的治疗，比起单纯的说教有效得多。

6. 父母要主动带孩子多参加户外活动。家长应该多找空闲时间，带孩子走出家庭，走向大自然，多参加户外的活动。让孩子在大自然中得到感悟，反观自己，从而变得更加务实，远离那个并不存在的虚拟世界。

7. 父母和孩子之间建立良好的亲子沟通。父母要改善家庭教育方式，多注重有效的方法。

8. 父母可帮孩子学会利用网络。父母和孩子可共同利用网络，拓宽视野，共同学习，为我所用。

9. 父母和孩子一同玩游戏。孩子如果写完家庭作业，其他事情做完，或感到压抑时，父母可以和孩子一同玩健康的游戏，这有助于拉近和孩子之间的距离，深入地了解孩子，及时做出指导。

第七节 告别偏科，全面发展

女儿今年上高一，意味着她人生中最重要的高考在渐渐逼近。女儿在学校很上进，也热爱学习。但成绩“让人欢喜让人忧”：喜的是数学成绩一直独占鳌头，有“数学公主”的美誉；忧的是英语成绩常常亮红灯，从未及格过，又有“英语矮子”的绰号。

她经常得到数学老师的称赞，又常遭遇英语老师的冷脸，心中就像五味瓶。老师说她“顾此失彼”“瘸腿生”，有同学还叫她“一面光”。为此，女儿心里很难受。其实，她就是名副其实的偏科生。

谁不想成绩全优？做数学和物理题，她由衷地喜欢，挡也挡不住，相反，叫她背单词、练听力，就是“赶鸭子上架”，真应了那句话：“强扭的瓜不甜”。班主任为此常常找她，再三“叮嘱”，如果英语“稍微用心”一下，总成绩将进入优等生的行列。可这个“稍微用心”对于她来说，简直比登天还难！女儿也想全面发展，所有的方法都用遍了，她甚至有些怀疑自己的英语智商问题了。我们该怎么办？

这是一位父亲焦虑的心声，这篇日记真实地记录了孩子偏科的烦恼和无奈。可以肯定的是，考试要的是全面的成绩，展示的是综合能力。所有的科目都是重点，不可偏废，否则，重点大学就会与孩子无缘。

综合素质就像一个乐队演奏，如果里面有一个“南郭先生”，就有不

和谐之音，当然不会演奏出美妙的旋律；综合素质就像一台复杂的机器，有一个零件功能失效，就不会生产出精美的产品。学习也是这样，有的学生在学习中厚此薄彼，导致成绩失衡。对偏科的学生来说，他们的其他功课很好，但一两门功课却下降得厉害。一般来说，孩子在高中时偏科也算正常现象，因为牵扯到分科，但孩子如果在小学或初中偏科就应该引起老师和家长的重视了。因为，小学和初中的课程对于孩子来说，是基础中的基础，“基础不牢——地动山摇”嘛！要想纠正孩子的偏科问题，首先要弄清孩子偏科的原因。孩子为什么会偏科呢？分析如下：

1. 孩子自身的问题。孩子学习有兴趣之分，对感兴趣的科目非常重视，动力十足，效果明显；同时，轻视不感兴趣的学科，很少把功夫用在上面，学习也就没有什么效果。

2. 老师对孩子的影响。有的孩子偏科的原因是由于自己喜欢某科老师的缘故，愿意听、学该科目的知识，学习成效显著；同时，孩子对自己不喜欢的老师，也不喜欢他教的科目，不用心，学习没有效果。

3. 受家庭的影响。父母的专业往往会影响到孩子，比如，父母是语、数老师，孩子的语、数成绩就好。

4. 孩子学习非常刻苦，但学习方法欠佳，导致学习效果不大。

5. 孩子学习认真刻苦，但由于时间有限，弱势科目太费力，孩子只好放弃。

毫无疑问，偏科生有着自己的优势，同时，也有自己明显的劣势。有的科目成绩在班级中出类拔萃，有的科目成绩却低得离奇。其实，他们本可以跨入优秀生的行列，只是由于这样那样的原因，他们有了自己的“短板”，即偏科。在一些重点高中，一般对不偏科的高三学生来说，进名校颇有些难度；但对偏科的中等生而言，相对容易一些。老师的精力如果多用在一些中等生身上，偏科的中等生很容易成为考试中的“黑马”，潜力巨大。

教育专家经过统计发现，中高考中的黑马一般都是平时学习成绩处于中等或偏科的学生。这些学生在平时的考试中不是一帆风顺，甚至遭遇过“走麦城”，面对考试的失利，悲观的学生自我否定，慢慢消磨前进的意志，而那些黑马都很乐观。不被暂时的挫折所吓倒。偏科生如果寻找到得当的学习方法，或者找老师提供良好的建议，那么，他们很可能成为中高考中的黑马。

一位化学老师说过他的一个学生：王某高三时化学成绩很差，在那一年宝贵时光中，王某选择了放弃学习化学。按他的话说，自己认为化学反正学不好了，学习它是对资源的浪费。正当他在化学课上阳奉阴违的时候，我没有动声色。

下课后，我把他叫到办公室狠狠地批评了一顿，说：“你是一个潜力非常大的学生，化学成绩却一直在及格线徘徊，这是因为你自己心理上的放弃和胆怯。要想在高考中跨越重点大学的门槛，各科成绩就必须均衡提高，落下哪一科，重点大学就没有希望。我相信，只要你努力，你一定可以锦上添花。”

这位学生说：“那我如何入手呢？”我建议他查找自己的薄弱环节，弄清自己的短板，然后选择一套好的参考书，熟练掌握各种典型试题。重要的是，放慢做题速度，多想解题方法，弄清化学实验的各个步骤和目的，边做边积累，对化学的兴趣会不断加强……这位学生按照我的话做了，化学成绩提高很快，后来已把我当成他的好朋友了。令人吃惊的是，他最后被复旦大学录取了。现在，他还经常向我汇报他的大学生活呢。

因此，孩子即使有偏科的倾向，也不是无可救药，除了巩固优势学科外，重要的是去掉心里对劣势学科的恐惧，培养对劣势学科的兴趣，不断加强短板。相对而言，由于自己不努力而导致的偏科，补起来自然容易得多。具体来说，下面的学习应对措施可解决孩子的偏科问题。

1. 树立自信心。偏科的孩子有自己的优势学科，说明其他课程也是可以学好的。父母要帮孩子找到偏科的原因，树立起自信心，激发起孩子对弱势学科的动力。这样纠正偏科就有了希望。

2. 端正学习态度。孩子偏科固然有老师的一部分原因，但孩子是学习的主体，还是占主要原因。父母要帮孩子试着接纳老师、理解老师。老师都希望孩子能够学好，自身条件所限或偶尔批评甚至偏向一些学生也是正常的，孩子不要由于态度问题而导致“殃及池鱼”，最终受害的还是自己。必要时，父母可与该科老师进行沟通，寻求老师的帮助。

3. 注重综合实力。父母告诉孩子偏科的危害性，特别是决定孩子命运的考试。父母应教育孩子不要只凭兴趣学习，应该全面发展。父母可试着培养孩子对弱势科目的兴趣，让孩子发现它们也有很多的奥妙。父母认为必要时，可给孩子请一个好的家教老师，从拉动孩子的学习兴趣出发，让孩子认识到弱势学科也是生动有趣的。

4. 加强短板。孩子对学习都有很浓的学习兴趣，但由于自身下的功夫不够造成的偏科，只需对弱势学科多下功夫，加以弥补就可以了。数学不好可能是由于基础太差所致，语文不好是因为兴趣不浓所致，等等。最后，父母一定要注意，孩子是造成偏科的主要原因。在补“短板”的同时，不要忽视其他学科的学习，否则，可能形成“摁下葫芦起来瓢”的局面。

第八节　自卑心理

儿子今年15岁，在一所重点中学读九年级，成绩一般。就像普天下的父母一样，我们是深爱孩子的。孩子曾带给我们极大的欢乐，也是我们的希望。为了教育好孩子，我们对他非常严格。这种严格使他渐渐脱离了天真，甚至有些自卑，我们也陷入了烦恼之中。

我们实行的家庭教育模式是严父慈母型。这种严格的管教，让儿子一至五年级的成绩都不错，我们认为这是教育得法。到了小学高年级，我们对孩子的监督更加严厉，批评、呵斥是常有的事，甚至打骂也有之。

自暴自弃

我们感到幸运的是，孩子竟考入市内最好的中学。这让我们更加深信，孩子必须加以约束才能成才。但在严加教育的过程中，我们隐约发现，孩子在慢慢疏远我们，他很少和我们说真心话。当时，我们对此并不介意，认为孩子只要成绩进步，就是我们最大的成功。对于他心理遭受的压抑，相信他长大后自会体谅我们的苦心。

进入初中后，孩子的学习变得一般。我们认为这是一时不能适应中学课程所致。于是，我们又加快了高压教育的步伐，管他更严了。我们以为他的成绩会跟我们的严厉成正比。没想到却事与愿违，半个学期下来，他成绩下滑成差生。

现在，他在学习上很自卑，和我们的心情一样，渐渐灰心了。我们为此很焦虑。不知道该怎么办好。

可以理解这对父母教育孩子的心情。当然，孩子逐渐长大后，单纯地依靠严厉式的教育，甚至是暴力式教育，已经无济于事。因此，父母们有必要澄清认识，走出家教误区。

孩子的压抑主要是由其所在的环境造成的。很多人一听说某某是差生，脑海中立刻出现智力低下、品行不端等形象。所以，差生承受着“我是差生”的包袱，而且，人们往往有这样的思维定式，学习成绩差，其他方面也好不到哪里去。无疑，人们在心目中早已将叫做差生的孩子孤立了起来。

学生之间的成绩有差异，有的学生成绩优秀，有的学生成绩中等，还有的学生成绩低下。成绩低下的学生被称为差生，老师和家长常把成绩的差异归因于学生本身，甚至称他们为反面学生，常常受到老师的特殊“待遇”，比如罚站、“面壁思过”，等等。

其实，我们如果和这些所谓的“差生”接触，就会发现他们绝大多数都十分正常，甚至智商要比成绩好的学生高。他们正因为被贴上了“差生”的标签，才不被人们包容，不被人们疼爱，不被人们信任。注定这些“差生”就要被冷落、被唾弃，甚至被贬得一文不值。于是叫做差生的孩子的心情更加糟糕，根本没有心思再学习，一味地被动再被动，成绩也在各方的鄙视、干扰下，下滑到谷底，很难翻身。

差生实际上要比优秀生承受更大的压力，不但忍受老师同学的白眼和看不起，在课堂上，还是老师重点“整治”的对象。而且他们还承受着不懂知识带来的困惑和父母期望的眼神，常常如坠入云雾之中，生怕自己考不好。

一位差生在日记里写道：我尽管非常努力，但成绩还是上不去，看来我是学不好了。令自己感到悲哀的是，我们这些差生是老师遗忘的对象，说我们整日坐在教室里虚度年华，不知道珍惜父母的钱粮。说得我们热泪盈眶。唉！难道事实真是这样？我们的无助、无奈和孤独，谁又能体谅？一个个蔑视的眼神，心中阵阵凄凉……

差生之所以长时间地“稳居”下游，不但与其基础差有关，而且还与其遭受的精神压力有关。可惜的是，差生还是孩子，不像我们成人，一有问题就喊累。我们知道自己累了，压力大了，叫做“亚健康”，而他们得默默承受这一切。在心理上，他们更加脆弱，差生的烙印已在他们心里牢牢定格了，如果没有父母力量的介入，是很难从差生的泥淖里走出来的。

父母对孩子期望太高，了解的却很少。家长一般片面地注重孩子的学习成绩，而忽视了成绩背后的原因，比如，我们的教育方式不当。不能了解孩子真实的心理需求，等等。退一步讲，孩子学习成绩差，听不懂讲课内容，本身就是一种煎熬，心里本来就不舒服了，可还要承受各方带来的压力。

父母要关爱自己的孩子，这个关爱不是苛刻地说教，更不是暴力教育。关爱孩子就是要了解孩子，倾听孩子的心声，接下来就是培养孩子的自尊心，增强孩子的自信心，使孩子受伤的心灵得到抚慰，让其主动集中到学习上来，重拾对知识的兴趣。父母发现孩子的亮点就要进行鼓励，帮助孩子在各方面进步，学习成绩也就自然而然地上去了。

要摆脱自卑，树立自信，除了靠他人的帮助外，最关键的还要靠中学生自己。心理专家在生活中发现，只要做到以下八个方面，就能克服自卑感，树立自信心。

第一，找到自己的长处。

被缺点多纠缠、烦恼不断、自卑感强时，自然很难进步。努力找到自己的长处，会增加不服输的力量，使失败的情绪退缩。随着自我认同的提高，会产生一种很神秘的赶超力量。紧紧抓住这个有利时机，加强对自己潜能的积极开发，自卑感就容易被克服掉。

第二，适当降低难度、速度要求。

依照符合自己情况的难度和速度安排学习，如果原来要求偏高，可适当降低要求，以便能扎扎实实地学好，目的是让自己尝到完成学习任务、成绩提高的甜头。计划任务完成了多少，成绩提高了多少，一目了然，能极大地提高学习热情和学习兴趣，以后再适当提高难度和速度要求。

第三，下决心学好一门功课，以后再补其他学科。

在有几门学科都学得不好的情况下，要下决心学好一门功课，要求全神贯注地学好，然后再补其他学科。当对一门学科有了自信心后，会把这种自信心迁移到其他学科的学习上。

第四，不要对自己进行消极评价。

真正的自卑是总能发现自己的错误，而看不到自己的优点。

不要把自己描述成一个失败者、一个傻瓜，相反，要看清和强调自己积极的一面，看到自己的有利因素、长处和成功的希望，要全面地、一分为二地看待自己，消除助长自卑心理的自我评价。

第五，理性地接受善意的批评。

不要以消极态度对待批评，也不要把批评看成是人身攻击，经别人善意批评，确实发现自己有某个毛病或缺点，一定要慎重对待它，切实改正它，也不要把批评当耳边风，不要不在乎，真正改正缺点和错误才是理性接受批评。

第六，用名人的事迹启发自己。

人的身体缺陷与人的价值没有正相关，对用名人的事迹来启发自己要有正确的认识。如贝多芬听力不好，他也曾有过自卑感，但经过努力克服以后，成了世界著名的大音乐家。

第七，少与伤害你的人交往。

因为喜欢伤害你的人不会关心你的利益，因此，要少与伤害你的人交往。

第八，跟自己的过去比。

跟自己的过去比进步，不要跟周围同学比差距。因为和别人比，难免有偏见。稍一有偏见，仍易回到消极的心理状态。只跟自己的过去比，经常能看到成绩，看到积极的方面，看到前途，有助于更好地发挥自己的长处，开发自己的潜能。

第九节　改掉粗心的坏毛病

粗枝大叶是一个坏习惯，这种习惯常常导致事情办砸。对于孩子来说，粗心、马虎会使生活和学习受阻，影响学业。

3·2　3·2 | 1 3　2 |

画只螃蟹　四条腿，

画只鸭子　小尖嘴，

6·5　6·5 | 4 6　5 5 |

画只小兔　圆耳朵呀，

画匹大马　没尾巴。

望子成龙、望女成凤是我们的期望。我们非常关注孩子的成长，不想拿孩子的前途当儿戏。孩子自从上了初中后，这种关注加重了。

令我们伤脑筋的是，孩子有一个毛病，一直伴随着他，就是学习非常粗心，一直改不掉。每次考卷下来，他都会因粗心丢不少分。考数学时，他经常看错题，比如，“3”有时看成“8”，“24”有时看成“42”，有时看错小数点的位置，等等。考语文时，他经常把形近字弄错，比如，“末”写成“未”，“已经”写成“己经”，等等。

每次为这样的事批评他，他也很痛苦。有几次，还被我们说哭了。儿子说，他也非常讨厌自己粗心，可就是改不了。面对这个“马大哈”，我们都没辙了。

上面这个例子或许说出了很多父母的心声，孩子粗心马虎成了令父母着急上火的“老大难”。有位老师曾经忧心忡忡地说过这样一句话：所有试题孩子其实都会做，就是因为粗心，不是把题意看错，就是把数字看错，有的漏掉小数点，甚至把关键的符号看错，等等。

实际上，粗心是一种常见的现象，别说我们的孩子，就连很多成年人也不可避免。

一般而言，成人从事职业化工作时，很少由于粗心弄错事情，而跨行业做事时，就不能保证了。这绝对不是为我们的孩子开脱罪责，重要的是要提高父母的认识，不能因为孩子粗心就大伤脑筋，重要的是弄清孩子粗心的原因，然后对症下药。

可有的父母对孩子的粗心马虎不能容忍，经常训斥孩子。最有害的是，他们常给孩子贴上“马大哈”的负面标签。比如，他们经常教训孩子：“你就是一个马虎虫”“你就是屡教不改”“你不可救药了”……这些话都会极大伤害孩子的自尊，使孩子在遇到此类问题时，无意识地做错。丧失学习的信心。

在一些情况下，孩子粗心说到底是能力的不足。他们没有真正了解老师所讲的知识点，没有参悟其中的玄机。有的孩子考试考砸了，常以粗心作为借口，使父母信以为真。孩子性格粗心，长大后就是一个“马大哈”，不能从事会计、金融、火车驾驶、建筑工程等方面的工作。因为这些工作直接与孩子的视觉能力相关，如果出现一丝错误，则可能给工作和工程造成重大损失。

如果在孩子很小的时候提高其学习能力，则可避免粗心的几率，在

长大后，可以提高工作业绩。因此，马虎是一个非常不良的习惯，说是能力的不足也不为过。一个孩子如果养成马虎的习惯，可能会对其一生造成影响。

导致孩子粗心的原因有很多，与孩子的学习环境、学习习惯和生理发育都有一定的关联。对孩子的粗枝大叶，有关教育专家做了很多分析，主要有以下原因：

1. 孩子没有形成良好的习惯所致。比如，审题错误、字迹潦草、书写过于仓促、缺乏良好的检查，等等。

2. 父母平时工作忙，老师不能对每一个学生面面俱到，导致孩子的粗心形成了习惯。比如，有的父母对孩子的学习不闻不问、任由其自然发展，有的父母常常在外地工作，等等。

3. 作业太多，孩子疲于应付，紧追快赶，导致忙中出错。

4. 孩子意识不到自己的学习责任，不能集中注意力，我行我素，学习心不在焉。比如，孩子没有明确的学习目的。

5. 孩子的生理发育不全。比如视觉记忆和辨识能力较弱。

6. 孩子性格和性别不同，孩子的性格千差万别，有的细，有的粗，相对来说，女孩比男孩细心一些。

所以，作为父母千万不可过于急躁，要有足够的耐心，而不要期望一蹴而就。但应该明确的是，粗心是人的一大毛病，是一种能力的不足，一定要改掉。“冰冻三尺，非一日之寒”，孩子粗心的毛病不是一天养成的，着急是解决不了问题的。父母要做的就是要分析孩子粗心的原因，采取针对性的措施，给予孩子切实的指导，而不是瞎指挥，让孩子无所适从。具体措施如下：

1. 父母要从自己身上找原因，为孩子做出表率，并为孩子提供一个良好的家庭环境，让孩子能够集中精力，静心做事。比如，家长看电视声音不应开得太大、生活作息有序，等等。

2. 父母可以培养孩子的责任心，杜绝应付敷衍，让孩子漂亮地做一些力所能及的家务活。比如：东西摆放整齐、垃圾入箱、饭后洗碗、扫地干净，等等。

3. 培养孩子的细心。比如：做事要仔细，做作业要多读几遍题，真正了解题的来龙去脉，等等。

4. 父母可以找到孩子经常粗心的地方，集中起来，逐一解决。比如孩子会经常出现一些错别字，可给孩子弄一个错字本，专门训练。

5. 父母要引导孩子养成整齐有序的生活习惯，让孩子学会保管好自己的物品，养成整洁有序的好习惯，这样可避免粗心大意。

第十节　重视考试时的心理状态

时常会有这样的例子:某考生平时虽然学习努力,成绩却总是徘徊在班级十几名,但在高考中名列前茅,师生皆惊讶地大呼其“超常发挥”;某考生平时学习努力,小考中成绩也总是数一数二,可高考却考得一塌糊涂,沦为落榜生,师生亦惊讶大呼“发挥失常”。

考试是一场智力竞赛,也是考生心理素质的测试和角逐。考前心理状态将直接影响能力的发挥,从而影响考试成绩;良好的心理状态是考试取得优良成绩的必要条件。“超常发挥”与“发挥失常”的现象,看似偶然实则必然:“超常发挥”的学生平时学习努力,基础扎实,又因为他们没有来自家长和老师过高的期望值所带来的心理压力,能够以自信、轻松、愉悦的心理状态轻装上阵,所以会考出“超常成绩”;而“发挥失常”的学生基础知识也扎实,可平时学习好、众人期望高,心理压力很大,大考前心理过于紧张,影响了正常思维,成绩必然受到影响。

那么什么样的心态才是良好的考前心理状态呢?根据长期的心理辅导实践和研究,有利于临场考试的心理状态可表现为:自信、轻松、愉悦或适度的激动、注意力集中、精力充沛等。良好心理状态之下,平日知识的积累、思维的灵活性和敏捷性等都得以充分利用和发挥,必然会取得好成绩。

如何消除考前紧张、焦虑情绪,调整至良好的心理状态呢?

1. 首先要正确认识考前焦虑

日常生活中，当一个人面临对自己来说较为重要的事件(如关键性的考试、应聘、演讲等)时，感到焦虑和紧张是普遍和正常的。其实，根据心理学研究，适度的焦虑和紧张对集中注意力、发挥技能、提高效率有一定的积极作用。但是，焦虑和紧张过度就不好了，那会导致一系列的生理反应和情绪反应，如手掌冒汗、心跳加快、呼吸急促以及心烦气躁、情绪不稳等。考试前过度焦虑会造成注意力分散、记忆力减退、思维迟钝乃至大脑一片空白等现象。出现过度紧张和焦虑的根源，在于自己对即将发生的事件的结果的不祥预期或假设。这种预期或假设往往以语言、图像的形式在内心快速呈现。本人一般很难察觉，而只能体验到假设或预期造成的紧张、焦虑、自信心不足等应激反应。

显而易见。从根本上说，一个人的心理状态是他自己造成的。积极乐观的思维会对你产生积极的暗示，进而产生有利情绪；消极悲观的思维会产生消极暗示，进而产生不利情绪。因此，改善思维模式可以优化情绪、调整心理状态。

2. 注意正确的复习方法

平时一定刻苦学习，随着考期临近而减慢学习速度，使自己从身体到精神都放松一下，有意识地养精蓄锐。保持旺盛的精力去参加考试。

3. 考前要注意饮食和作息

考试前要保持好自己的饮食习惯，饮食宜清淡，不要太饱。考前几天就应逐步把生物钟调节为早睡早起，以保证考试期间精力充沛、头脑清醒、思路通畅、潜能得以发挥。不要“开夜车”，力争保持日常节奏和一份平常心，以良好的心态去迎接考试。

4. 坦然面对考试，保持良好的情绪

保持良好的情绪状态是形成良好心理状态的重要方面。良好愉快的心境，有助于形成积极乐观的态度，克服困难，提高答题效率。相反，紧张、消沉、倦怠等不良心境会使大脑神经通路处于抑制状态，使回忆、思维发生障碍，阻碍答题进程。考前的学习情况、学校及家庭等各方面的压力，均会直接影响考试情绪。考生要尽量不为外部环境所左右，乐观坦然地面对考试，多想好的结果，努力稳定自己、树立自信，保持自己良好的情绪，稳定考前心理状态。应试时，不去设想考试结果，保持平静的心态，把精力和智力用到分析题目和开拓思路上去，而不是盘算得分的多少。

5. 战略上藐视，战术上重视，要有自信心

平时积累的知识、能力的训练达到什么程度，考试的结果就能达到什么程度，考前要本着“尽力无愧”的心态，不要忧虑和恐惧。考试时要细心有序，避免因慌乱而出错；做题时要合理安排时间，先把简单、熟悉的题做完，然后才可以以平静的心境去解答难题。必胜的信心是良好心理状态的重要组成部分，从某种意义上说，信心就是力量，信心就是胜利，应考中要相信自己，鼓足信心，确信已做好充分的准备，一定能取得优良的成绩。

6. 进行一些考场身心放松活动

身心放松活动有多种，比如：

（1）想象放松法：想象自己心灵深处有一汪湖泊，湖泊十分平静，没有波澜、涟漪。湖畔有鲜花、树木等，可使神智更加清醒。

（2）调整呼吸法：微闭双目，深呼吸，使自己心平气和。

（3）三调并重法：调身、调心、调息可同时进行，辅之以动作，用双手轻轻挤压合谷穴，有利于考场快速放松。

第十一节 抑　　郁

【个案一】一位中学生，在新学期开学的时候，因为有几百元压岁钱而遭到几个高年级同学的抢劫，并在厕所里被打了一顿。虽然伤不重，但他从此对学校产生了恐惧心理，经常逃课上网，然后一发不可收拾。不久，他患了抑郁症，经常坐在家里发呆。一天说不了几句话，饭也吃得很少。他本来学习成绩还不错，可是最后连高中也没考上，父母为此伤透了心。

【个案二】小雅今年13岁，已经长成一个亭亭玉立的大女孩。她平时学习成绩很好，经常被学校评为三好学生。但小学毕业考试时，由于失误，她成绩不理想。于是，她认为自己是一个没有用的孩子，十分沮丧。可是她又无法向家人倾诉心里的感受，因为她的母亲早年因病去世。爸爸再婚，继母与她的关系一直不好。长期压抑之下，她逐渐出现了闷闷不乐、精神不振、沉默少语、睡眠不佳等症状，患了抑郁症。

抑郁是一种较持久的、忧伤的情绪体验，并伴有躯体不适和睡眠障碍等问题。抑郁多发生于青少年时期，一般女孩多于男孩。青少年抑郁情绪主要表现为：由于在学校发生过一些矛盾，深感环境的压力，经常心烦意乱、郁郁寡欢，经常逃学或者要求父母为其调换学校；情绪低落，对一些原来喜爱的事情失去兴趣，对生活或学习提不起精神；不整理自己的东西，不关注自己的仪表；对于某次考试成绩提高无喜悦之情，甚至会感到忧伤和痛苦；有厌学情绪，学习时注意力不集中、容易疲劳，学习成绩明显下降；失眠、头晕、胸闷，身体感觉异常，特别注意自己的身体；女学生异常脆弱，常不知为何就哭哭啼啼，男学生异常警觉，认为有人在监视或谩骂自己及家人；不与父母交流，无论父母说得对否，都在默默抵触或发脾气；情况严重时，会出现自杀意识和行为。

目前，我国中小学生抑郁障碍（抑郁症或抑郁性神经症）患者明显增多。抑郁学生在发病初期，老师和家长往往认为是简单的厌学和身体不适，于是经常被老师叫去单独做思想工作，学习上"吃小灶"，家长则强化"督导"，为孩子购买健脑安神的补品或药品。这些方法自然是没有效用的。随着病情的不断发展，有些学生不得不含泪辍学，家长们仍没醒悟，有的继续做孩子的思想工作，有的家长甚至去求神拜佛，有的家长干脆把孩子送进了精神病院。另外需要注意的是，有的学生意识到自己得了抑郁症，想求助于心理医生，可很多家长不相信孩子心理有病，并且认为找心理医生是丢面子的事，因而加以阻拦，贻误了治疗时机。

青少年学生的抑郁心理是如何造成的呢？原因复杂多样，如学习压力过大，被同伴孤立，家庭不和睦，有抑郁家人等都属此列。对于高中生，患抑郁症的原因主要有两方面：(1)心理发育不良，这是患病的内因，心理发育不良有多种类型和表现，如有的学生一味透支脑力读书，不会修整，无其他兴趣爱好；有的学生不能容忍别人超过自己，嫉妒心强；有的学生不容出错，事事追求完美；有些不善于交流，性格内向，有些依赖性强，总想得到他人的同情理解，不能自强自立；有些很在意别人的看法和评价，太过敏感，等等。(2)家长、老师对自己期望高而引起心理压力，这是患病的外因。例如，有些家长为了孩子的学习包揽其他一切事务，动不动就表白对孩子的期望，使孩子觉得考不上大学对不起父母，心理包袱沉重；亲戚、邻里之间经常对孩子们进行相互关心和比较，使孩子觉得考不好就丢尽家族脸面；学校反复考试摸底排名，以成绩优劣安排前后座位，对那些有望考上大学的学生重点指导，使另一些学生的自尊心受到打击。内因和外因综合作用，学生难以承受而心理失衡，不堪重负而抑郁。

那么，怎样克服学生的抑郁心理呢？应注意这样几点：

1. 教师和家长应与青少年建立良好的信任关系，成为他们的朋友，然后引导他们从引起不良情绪的情境中摆脱出来；

2. 教师和家长要给他们机会与勇气，可以直截了当地表达自己的想法与感情、缓解心理压力；

3. 教师和家长要注意减轻青少年过重的心理负担，调整师生关系和亲子关系，鼓励他们放下心理包袱，鼓起必胜的信心和勇气；

4. 学生个人应该在平时加强体育锻炼，还可有目的地选择一些能产生希望、畅快的心情和增强自信的音乐，对矫正自己的抑郁情绪很有效果；

5. 抑郁症不是思想品行问题，不是神经衰弱和大脑缺乏营养，不是脑子里“长了东西”，更不是精神病。正确的诊断治疗应来自临床心理（精神）专科医生，家长不要乱下结论，贻误治疗时机。家长和学生个人都要积极配合医生的治疗。

第十二节　克服焦虑心理

焦虑是一种伴随某种不祥的事件即将发生的预感而产生的令人不愉快的情感,严重的焦虑表现为恐惧不安。心理学家曾经做过实验:如果把健康的兔子放在老虎旁边,无论如何照料兔子,兔子在恐惧心理影响下总会不久即死去。这种恐惧心理被心理学家称为"虎兔效应"。

据调查,目前我国有很大一部分中学生存在学习焦虑心理。学生的学习和健康成长受到严重负面影响。就像上述的兔子一样,学生的焦虑情绪可以分为两种:(1)性格性焦虑,即由于性格不良因素导致学生遇到任何事都容易产生焦虑情绪;(2)情境性暂时焦虑,即学生认为很重要的事情即将发生时出现的焦虑,如开学前的担心、作业检查前的不安、考试前的紧张等,都是学习焦虑的表现。情境性暂时焦虑是在特定的情境下产生的,会因条件的改变而形成或消失。中学生的学习焦虑大多数属于第二种情况。

存在学习焦虑心理的学生,会不同程度地出现烦躁不安、心神不宁、心慌头昏等症状,甚至一见书本、一进课堂就感到头痛心慌。学习焦虑是因学习而产生,又反过来直接影响学习过程和学习成绩。焦虑学生害怕和讨厌学习,遇到学习困难很容易放弃,因而在学习过程中对知识和方法的掌握水平低、不牢固,导致学习成绩逐步下降。不仅如此,学习焦虑还会影响学生原有水平的发挥,表现为考试焦虑,如一学生考试前异常紧张,吃不好,睡不着,考试时大脑空白,浑身冒汗,会做的题也做不出,考试成绩自然一团糟。

据调查,有学习焦虑心理的学生大多数是学习中等生和少数优等生。对于中等生,一方面他们担心沦为后进生,被人瞧不起和有强烈的学习愿望，另一方面又因焦虑心理而无法克服学习困难和很好地完成学习任务。少数优等生总想学习领先，总担心如果考不好，老师、同学及家长的看法会因此改变，导致在学习中对考分患得患失、焦虑不已，结果越急越学不好。

另外，学习焦虑会使学生产生心理障碍，直接影响到健康心理的形成。心理不健康的学生人际关系不好，心理耐挫力差，对文娱、体育等方面也不容易产生兴趣。总之，学习焦虑会阻碍学生的全面发展。

焦虑心理产生的原因有哪些呢？原因很多，除了心理特点决定因素以外，不科学的学生评价体系、外在的学习压力、社会舆论的压力等也是形成学习焦虑心理的重要原因。

1. 不科学的学生评价体系

我国的中小学教学评价体系，把着眼点放在传授知识和技能训练上，把考试成绩作为评价学生的唯一标准。于是，成绩好的学生就是好学生，能考上重点大学的学生就是"人才"，学生的特长和个性被忽视或排斥。这种评价体系，必然导致社会和家长以"分数高低论英雄"的心态来评价学校的好坏，自然学校、班级也以学生的分数高低论奖惩、排名次。这种评价氛围中，学生难免会承受巨大的压力和伤害，产生学习焦虑心理几乎是必然的。

2. 过重的学习负担

中学生学习负担过重，突出表现为学习要求过高、作业量过大、考试过于频繁等，虽然早已引起社会各界的重视，但至今没有实质性的改观。我国中学教学用同一个教学目标、按照同一个教学要求去要求不同个性、不同兴

趣爱好的个体，自然会形成部分学生能完成学习任务、部分学生无法完成学习任务而形成学习负担的局面。为了提高“差生”的学习成绩，老师们不断地加大学习量，使这些学生的学习负担更为沉重。过重的学习任务不仅不能提高学生的学习成绩，还会使学生产生厌学、焦虑乃至恐惧心理，危害到学生的健康成长。

3. 高考以分数为录取依据的政策

我国的高考制度以考分作为升学依据，从高分到低分依次录取。这就使学校和学生片面追求考分而忽视全面素质的培养。过分地追求分数，使学生不可避免地产生焦虑心理。

那么，应该如何防治学生的焦虑心理呢？焦虑心理的防治是一个复杂的过程，需要社会、学校和个人等多方面的共同努力。从社会方面上说，全面实施素质教育、减轻学生负担是根本之策；从学校方面看，加强学生的心理健康教育是关键。根据目前实际教育状况，主要应在以下几个方面加以努力：

(1)掌握正确的学习方法，提高学习能力

学习成绩不理想是产生学习焦虑心理的直接原因。因此，培养学习能力、提高学习成绩是克服焦虑心理的直接手段。学习成绩不理想的原因很多，大多数是因为缺乏科学的学习方法。因此，要掌握正确的学习方法，如合理地安排学习时间，学习和娱乐有张有弛，不能拼命蛮干等等。

(2)注重培养良好个性品质和心理素质

个人的性格和心理素质是学生产生焦虑心理的内在原因，学校必须注重培养学生的良好个性品质、心理素质和行为习惯。要加强学生的耐挫教育，引导学生正确对待困难，通过集体活动和各种途径帮助学生发挥自己的长处，克服自卑感，树立自信心；要教育学生从小事做起，点点滴滴地去培养良好行为习惯。例如，一对于考试焦虑，可强迫学生做考前简单活动，引导学生考前放松，建议考后不去和别人对分数，只看错在什么地方等。

(3)克服自卑，树立自信

帮助学生克服自卑、树立自信是防治学生学习焦虑心理的重要手段。有学习焦虑心理的学生往往因成绩差而产生自卑感，并且总担心成绩不如别人、被别人瞧不起而产生心理压力。据调查，在中学阶段同学之间互相瞧不起的情况只是少数，因此，这种心理压力多数是自己的疑心造成的。学校要引导学生正确对待考试和作业中的失误，引导学习焦虑的学生会自己评价自己，享受自己成功的喜悦，不要过多考虑别人的评价。

(4)学会调节自己的情绪

学生的情绪对学习成绩有很大的影响。学习焦虑会使学生情绪不好，而情绪不好又会加重焦虑，学会善于调节自己的情绪，使自己经常处于愉快、恬静、欢乐的心境之中，是克服焦虑的良方。调节情绪的简单方法有音乐调节法、活动调节法和睡眠调解法等。

第十三节　强迫症

莎士比亚的名剧《麦克白》描写了麦克白夫人因杀害国王邓肯而充满恐惧，她虽然洗净了手，但她总觉得她的手上仍沾着死去的国王的鲜血。“滚开，该死的血迹！”她尖叫着把不存在的血迹擦了又擦。侍女说：“这是她的一个惯常动作，好像在洗手似的，我曾经看了她这样擦了足有一刻钟的时间。”麦克白夫人就是患上了强迫症。

强迫症，又称强迫性神经症。强迫症的特点是意识的自我强迫与意识的自我反强迫同时并存，两者冲突导致病人紧张不安，十分痛苦。即存在难以调节的心理冲突、潜在焦虑，是导致紧张不安的原因。而强迫症就是紧张不安心理的一种转移和释放。主要表现特征是要求过分严格和完美，容易把心理冲突理智化，具有强烈的自制心理和自控行为。

那么，如何确定是否患有强迫症呢？

强迫症的症状多种多样，表现有：

第一，强迫观念。如强迫回忆，强迫疑虑，强迫性穷思竭虑，强迫性对立思维等。如解题时每做一步总反复思量，害怕答错。对自己做的事没有把握，总以为没达到要求。

第二，强迫情绪。如十分害怕丧失自控能力而发病或有违法犯罪行为。

第三，强迫意向。经常感到有立即行动的冲动或强烈的内在驱使。

如有走到阳台旁跳下去自杀的意向。

第四，强迫动作。有屈从于强迫观念的反复洗手、摩擦手、计数等。还表现为行为循规蹈矩，不知变通，对突如其来的事适应困难，常给人以刻板和缺乏生命活力的印象。

强迫症的形成原因主要是：

第一，与家庭环境和学校教育直接相关，父母管教过严，苛刻，造成子女做事过分拘谨，小心翼翼，思虑过多，优柔寡断。生怕做错事受到父母惩罚。学校有的实行封闭式管理，有繁多的成文或不成文的规定，有名目众多的处罚方式和手段，如道德、纪律、卫生等各种各样的扣分和考核，有班主任训话，有全校整顿大会，有检讨，有处分，致使学生过分紧张。

第二，性格特性。有的未成年朋友谨小慎微，墨守成规，胆小怕事，缺乏自信心，缺乏随和性，自制力较弱等。

第三，心理因素。在不良心理因素作用下得病，又在不良心理因素下发展。

如何消除强迫症呢？

由于是心理疾病，所以应以心理疗法为主。我们应了解此病的本质，解除不必要的心理负担。它是一种非常常见的青少年心理疾病，我国此病的患病率为22.2%，这是就总体人口而言，青少年患此病的比率更高。它和平常所见的重性精神病有本质区别。这种病的患者一般思想意识清楚，无违反社会道德行为规范的表现，主要应减轻和放松精神压力，承认强迫观念、强迫情绪、强迫意向、强迫行为的存在，听其自然，不与对抗。

第十四节　双重人格下的隐患孩子

双重人格下的孩子往往对事物的态度模棱两可、左右为难、犹豫不决，他们甚至还见异思迁，一派反面人物的形象。很多孩子由于找不到自己的位置而不知所措，通常做出“趋利避害”的事情，而没有自己应有的立场。

儿子楠楠今年上初一了，在学校的表现还不错，被老师和同学称为团结懂事的孩子。可这样一个“乖”孩子让我们伤透了脑筋。从进入小学以后，他显得比较胆小，不敢和老师说话，不跟同学一起玩，在课堂上很少回答问题，遇到不会的也不去问老师和同学，甚至作业都不让我们看，成绩较差。老师的期末评语基本都是：“性格较内向，不大合群。”

让人难以理解的是，孩子在学校内向、孤僻，在家里却调皮、疯野得很，简直就像两个不同的孩子。我看到孩子家里家外如此差异，有时气得抓过来就打。孩子成绩差，性格特殊，虽经我们多次教育，但效果没有什么改观，真不知该怎么办？

案例中的孩子具有的双重人格，与他小时候的生活环境有很大关系。父母在以前很可能过分娇宠孩子，包办孩子的一切事情，承担了本应由孩子做的事情，使孩子失去了锻炼的机会；父母也有可能在孩子很小的时候，过度限制孩子的活动，不让孩子外出，不让孩子接触其他同龄伙伴，久而久之，导致孩子缺乏一定的交际能力；父母还有可能对孩子的教育过分严厉，只关注孩子在学校的成绩表现，而不问孩子在学校的心理变化，使孩子整天战战兢兢……

这里需要了解一个重要的概念，即双重人格。什么是双重人格呢？双重人格是一种严重的心理障碍，属多重人格中的一种。多重人格是指一个人具有两个或两个以上相对独特并相互分开的亚人格。

相对于多重人格来说，双重人格的人最为常见。双重人格的人通常以一种人格占优势，但这两种人格并不进入另一方的记忆，几乎意识不到另一方的存在。人如果从一种人格转变到另一种人格，往往非常突然。人只有受到重大刺激或接受放松、催眠等治疗时，才会发生转变。

双重人格的人往往有两套思维在大脑中矛盾地运转着，在正常生活中感到十分不便，导致思维左右摇摆不定，迟迟无法选择，影响了信息的采集，从而引发焦虑、头晕头痛等不良症状。

什么样的孩子具有双重人格呢？一般来说，那些没有辨别是非的能力、独立性差和依赖成人判断的孩子需要一致性的规范和一种指导性的建议。他如果同时接受最亲密的两个人关于同一件事情截然不同的做法，就会感到无所适从，感到困惑。长此以往，孩子内心的冲突不断蓄积，逐渐形成一类叫“两面派”的孩子。他们对两种思维常常愿意趋向于对自己有利的一方。

很多的调查分析表明，孩子的双重人格往往是由于家庭环境的不一致形成的。比如：对一个孩子，父母各有自己不同的看法，爸爸要严管，妈妈要娇养；父母从严，爷爷奶奶从轻。大人意见不一致使孩子当面一套、背后一套，无所适从。具体来说，双重人格的孩子形成和产生大致来自以下家庭：

1. 娇宠唯一型家庭。指家庭过于关爱家中年龄最小的孩子、家中唯一性别的孩子或独生子女，对孩子缺乏理性认识，结果导致孩子在很多问题上存在认识偏差。

2. 众星捧月型家庭。孩子被爸爸、妈妈、爷爷、奶奶、姥姥和姥爷如“众星捧月”一般，在家我行我素，肆意妄为。

3. 教育不一致家庭。爸爸和妈妈在教育孩子的问题上，意见看法不一致，一方认为应该这样，另一方认为应该那样，导致孩子难以判断。

4. 暴力型家庭。父母对孩子持有过高的期望，给孩子很大的学习压力，稍不如意便拳脚相加，导致结果适得其反。

总之，这些家庭的孩子在家往往过于娇宠溺爱或承受压力而导致适得其反，进入离开家庭的外界环境中注定碰壁，甚至头破血流。更为严重的是，这些孩子长大成年进入社会之后，由于生活处理能力特差，生存受到威胁，人生注定要失败。

解铃还须系铃人。孩子双重人格的形成一般来自于家庭，因此，解决还得靠家庭。父母要如何改变和预防孩子的双重人格呢？

1. 要找到导致孩子形成双重人格的原因，然后仔细审视自己的亲子观、教育观，公正、公平地对待孩子，远离虐待、偏袒和溺爱。

2. 对双重人格比较严重的孩子，父母可请心理医生进行咨询或治疗，同时，多与孩子进行交流，引导孩子融入集体，和别人建立友谊。

3. 父母发现孩子具有双重人格后，要和老师形成互助对象，有计划、有步骤地对孩子被扭曲的人格进行纠正。

4. 不给孩子增加压力，因为，双重人格多是由于环境压力造成的心理防御。

5. 塑造孩子的自信心。双重人格或多重人格的背后，是强烈的自卑感和脆弱感，如果能不断增强自信，获得成功的感觉，久而久之，可以克服这些人格缺陷。

6. 为孩子提供一个温馨的环境。禁止家庭暴力，尤其不要在孩子面前冲突，以免造成孩子不知听谁的，内心左右为难、困惑无助，形成性格障碍。

第十五节　社交恐惧症

社交恐惧症是社交障碍的一种。患社交恐惧症的人回避与他人交往，以致形成一种隔离屏障。如有的人在众人面前，常常不敢抬头，两腿发软，声音发颤，手脚不知怎么放合适。交际时，常情不自禁地脸红心跳，语无伦次。同学们一起行走，总是担心自己的步伐过快或过慢，总觉得别人时刻在注视、议论、笑话自己。别人丢了东西，总觉得别人不相信自己，怀疑自己。经常担心和同学处不好。白天常陷于自怜和忧虑中；晚上常被噩梦惊醒。自我感觉是世界上最无能、最愚蠢、最不受欢迎的人，经常害怕给老师和同学留下坏印象。每天在消沉、忧虑、恐惧中度过，时时有一种朝不保夕、苟且偷安的感觉，甚至一度想以自杀来摆脱这一切。

社交恐惧症的引起有多种原因，有的是由于“创伤性自卑”所引起，有的是因羞怯所引起，有的是因闭锁心理所引起，有的是因敌视心理严重所引起，有的是因疑心太重所引起的，有的是由于自我分析错误，有的是由于自我认识错误，有的是由于自我估计错误……但核心情绪是社交自卑的极端表现。

李明，17岁，上高中二年级。李明小时候，父母由于工作原因，将他交给爷爷奶奶抚养，六岁时，他才回到父母的身边。李明的父亲忠厚老实，不爱说话；母亲却脾气暴躁，常与邻居、同事发生纠纷，并常因一些小事向丈夫和李明发火，甚至打骂。李明也因从小不在父母身边生活，从感情和生活习惯上都不太适应他们。但他更不能忍受的是母亲蛮横粗暴的态度，也不能理解父亲对母亲的听之任之，因而认为在这个家里根本不存在快乐和温暖、友善和亲情。他总是把自己关在属于他的那个小空间里，做完功课便蒙头睡觉。在学校里，看到同学们喜笑颜开的样子，他怎么也高兴不起来；听到同学谈起父母和家庭的话题，他在羡慕的同时，深深地感到自卑和无奈。李明木然的表情和拒人于千里之外的冷漠使同学们感到不易接近，纷纷敬而远之，这更使他觉得孤独无助，认为在这个世界上没有人能理解和接受自己。他很少与别人说话，即使在集体活动中也会感到孤立无援。时间一长，他无论做什么事都天马行空，独来独往，然而心中的那份孤独、寂寞和空虚却时时刻刻在折磨着他。上课时他注意力集中不起来，学习成绩不断下降，整日里心情十分压抑，性格也越来越孤僻怪异。

李明的这种情况就是属于社交恐惧症。产生社交恐惧症的原因是多方面的。有的属于气质性社交障碍，生性腼腆、胆小、好独处；有的属挫折性社交障碍，由于某次社交情境中有不愉快的经历所致；还有些孩子则是由于家庭教育不当，特别是幼年时处于相对封闭环境，缺乏与同伴交往的实践而不知如何与人交往。

如果我们孤僻冷漠、独来独往、不善于交往，那么我们将很难全面发展。善于交往的人，在交往过程中，能更快、更多地获得知识和经验，提高各种交往能力和学到许多优秀品质。例如，假如我们和一个性格坚毅的同学交往深了，便会佩服他的坚毅，并由佩服到效仿，从而培养自己的坚毅品格；同样，和豁达大度的同学交往时间长了，受到他潜移默化的影响，自己也会变得豁达起来。

想要克服社交恐惧症，必须事先弄清楚是属于哪一种原因引起的，才可能有针对性地进行有效调适。

如何克服社交恐惧症，还应注意以下几方面：

第一，进行积极的自我评价，改善内部环境。

一定要端正态度，以积极自我评价为手段，从改善内部环境入手，避免产生负性情绪体验，克服消极心理定式。

第二，针对自卑情绪这一社交致命弱点进行调适。

克服消极自我暗示，坚决抑制住畏惧、忧虑、担心、多疑、不安等情绪，经过一定努力，争取在小场合社交中取得成功体验；在一系列小场合社交成功体验的基础上，引发积极的自我暗示，增强和升华社交自信心。

第三，在重大的社交场合培养责任感、自尊感。

在有了社交自信的基础上，应该大胆地在一些重大的社交场合锻炼自己，以提高社交策略技巧，争取更大的社交成功。

第四，培养自我肯定的能力。

确定新的社交目标，制订好必要的社交计划并提高自信心，完善新的社交计划的具体措施。在执行计划中要及时肯定自己，不断培养自我肯定的能力，以使社交恐惧症得以彻底克服。自信不仅是交际能力最重要的素质之一，也是意志和力量的体现。只要我们克服自卑心理，战胜社交恐惧症，就一定能充满自信地出现在社交场合上，充分地展示自己的才华。

第十六节　美丽而又哀伤的青春期恋情

一个农夫的儿子早恋了。

农夫知道后，一声不吭，将院子里那棵苹果树上所有未熟的苹果摘了下来。

儿子放学回到家，看见桌子上一筐筐未熟的青苹果，很纳闷：这些果子又吃不成，摘了多可惜呀！

父亲看见儿子回来，就走出院子，拿起竹棍，"噼里啪啦"地又敲起了枣树上未熟的枣……

他怀疑父亲是不是疯了？

"你把它们现在打光，秋天吃什么呀？"他终于忍不住问出口来。

"可是，这跟早恋又有什么区别呢？"农夫看着儿子静静地说。

儿子恍然大悟。

他果断地走出了那场早恋，全身心地投入到学习中去了。

那年秋天，他家树上没有收获到成熟的苹果和枣子。但他知道：在人生的秋天，他一定会收获很多很多的果实，包括爱情。

在这一节里，我们将讨论：应该如何面对青春期萌动的恋情。

谈"早恋"而色变，这早已体现了社会上一种默认的处理态度。然而，一位著名学者指出：早恋这个词并不科学，顾名思义，早恋就是过早地恋爱，但是，何谓早？目前一般指中学时期，有的甚至包括大学。西方社会学研究者将十二三岁到十九岁的青少年恋爱行为称为青春期恋爱。相比之下，这一用语既给出了明确的时间定义，又未加道德评价。这样就可以站在一种更为公正、客观的立场来看待早恋。

青春期恋爱屡禁不止，甚至有愈演愈烈之势。探其根源，有主观和客观两方面的原因。

主观上，少男少女随着生理发育成熟，对异性产生好奇、爱慕和相吸引等心理，但这种朦胧的心态，往往因年幼无知，鉴别力不强，情感也极不稳定。

客观上，社会、家庭的因素也起了一定作用。影视剧、报刊、小说中较为暴露的描写，公园里个别恋人毫无顾忌的亲昵，酒吧、舞厅等“未成年人勿入”的场所，对早恋的出现起到了刺激、诱导、影响的作用。或是出于好奇，或是因为模仿，使青少年过早出现对特定对象的相恋行为。从家庭的角度，一些研究发现，父母感情良好的学生很少会涉及早恋，而父母感情恶化，缺少家庭温暖的青少年更有可能涉及早恋，以更多地寻求来自同龄人的关怀。而现在种类越来越多、越来越便捷的联系方式，如短信、QQ、MSN等更从客观上为青春期早恋创造了有利条件。

青春期产生爱情的微妙的感觉是很正常的，但是以青春期的年龄和实力，是否有能力来掌控这种犹如脱缰野马的强烈感情呢？回答是：不能。大部分的人不能，而且有些人还在事情过去很长时间后沉浸在痛苦中不能自拔。亦舒说：“我知道你们的事，你们在夏日相遇，闷热的夏日夜晚，熏风下，你们为恋爱而恋爱，你才十八岁，一朵花能引起无限的喜悦。她离开你的时候，你认为地球都停止了转动……”

青春期的恋情往往难以持久、缺少承诺，大多数是没有结果的。

它多数动机不纯，有些少男少女为了攀比而结交女友或男友，并视其为一种“流行风尚”，而有的少男少女则是为将来留下青葱岁月的美好记忆。

它多半是不理智、不成熟的选择，又加进了自己的幻想和情绪冲动，因而更容易造成过度狂热或痴迷，从而影响学习，这一点在女孩子方面表现更为明显。

它在遭受波折——感情转移、争吵、分离等情况时，易产生偏激行为，如殉情、恶性报复、离家出走、患忧郁症等。

青春期的恋情更是不实际的，现在的消费水平越来越高，而很多孩子不知所以然的“爱情”的背后，都是父母在埋单。

社会发展得太快了，是社会造就了我们过早地接触这些，知道这些。很多人正是过早地体会到这一点，才明白：当时的确承担不了“爱情”的重大责任。这只有自己体会到了才有作用。老师和父母不希望你走错路，只有在人生道路上经历岁月的洗礼，磨砺出完善的品格、健全的人格，形成独有的人生观和价值观，才会明白自己想要的爱人是什么样的，不会到年龄很大时还那么盲目。

恋爱，尤其是初恋，是人生中最美好的体验。初恋的美好，总是令人难以忘怀，因为它不仅是人记忆中的第一次爱的萌动，还是最美的一次感情，这就是人们难以忘怀它的原因。美好的爱情，应该有健康的动机和适合的契机。在心理和生理都不甚成熟的青春期，为了恋爱而恋爱，你不但获得不了所谓的爱情经验，反而会在这场年少轻狂的游戏中遍体鳞伤。

初中生的早恋问题是个体学生心理与家庭、学校生活、社会风气共同作用的结果，带有特定时期（青春期——第二性特征发育及逐渐成熟时期）的普遍性。据有关调查，初中生谈恋爱，自我感觉良好：“甜蜜，心情愉悦，当然对学习有帮助。”也有大人说，初中生谈恋爱就像带刺的玫瑰，往往被它的芬芳吸引，一旦身陷其中，便被它刺得遍体鳞伤。对于那些缺乏对青春期心理健康、友谊、恋爱、家庭观念的正确认识的青少年，要正确处理应从以下几方面入手：

（一）学校活动

采用心理咨询、辅导、谈心等方法，多角度、多层面地进行青春期教育，化解他们心中的神秘感。多开展学校的校园文化活动，以促进学生的异性交往，分散交往，避免单一趋向。

（二）教师观念

教师的主要职责是育人，教师要帮助学生树立良好的世界观、人生观、价值观……培养学生良好的个性心理品质，对学生进行自尊自爱、自立自强、开拓进取的教育；健康生活情趣和健全人格的培养教育；青春期心理健康、友谊、恋爱、家庭观念的教育和行为的指导；坚强意志品格和受挫能力的培养训练。

（三）提高学生自我意识

1. 要正确认识自身心理的局限性和发展的不完善性

青少年一般都存在以下心理的局限性和发展的不完善性：交往需要强烈，但自尊心强，思想情感、个人秘密不愿意轻易向他人吐露而心理闭锁；独立性强烈，但摆脱不了依赖性；求知欲强烈，但识别力低；情感丰富，但情绪不稳定，往往容易感情用事；富于幻想、胸怀远大的理想与信念，对未来充满美好的向往，但又是急躁的理想主义者，对现实生活中可能遇到的困难和阻力估计不足；机能已成熟，但思想尚未成熟，道德观念不强，意志力薄弱，强大的生理冲击力有时会使他们做出违反道德规范的行为，给身心健康带来严重的不良后果。因此，恋爱会直接危害身心健康成长并严重干扰学习。所以，青少年要在正确认识自身心理的局限性和发展的不完善性的前提之下，力争发展和完善自己。

2. 要正确处理好男女生正常交往

青春期的少男少女随着生理的成熟、心理的发展，都会开始关注异性同学，并希望了解他们，与他们交往，这是一种正常的心理现象。况且异性交往在人生中必不可少，青少年与异性正常交往获得情感的完善和健全是素质教育的重要组成部分，所以它不是一件丢人和见不得人的事，也与道德品质无关。绝大多数青少年都“恋爱”或“单恋”过一个自己很喜欢的异性，这无可厚非，异性同学之间的正常交往不仅有利于学习进步，而且也有利于个性的全面发展。关键是如何正确处理恋爱与男女生正常交往的关系：

(1)自然交往。在与异性交往的过程中，言语、表情、行为举止、情感流露及所思所想要做到自然、顺畅，既不过分夸张，闪烁其词，也不盲目冲动，矫揉造作。消除异性交往中的不自然感是建立正常异性关系的前提，像对待同性同学那样对待异性同学，像建立同性关系那样建立异性关系，像同性交往那样与异性交往。

(2)适度交往。异性交往的程度和方式要恰到好处，应为大多数人所接受。既不为异性交往过早地萌动情爱，又不因回避或拒绝异性而对交往的双方造成心灵伤害。

(3)真实坦诚。这是指异性交往的态度问题，要像结交同性朋友那样结交知心朋友。

(4)留有余地。虽然是结交知心朋友，但是异性交往中，所言所行要留有余地，不能毫无顾忌。比如谈话中涉及两性之间的一些敏感话题时要回避，交往中的身体接触要有分寸等。特别是在与某位异性的长期交往中，要注意把握好双方关系的尺度。

(四)家庭生活

创造宽松民主、协调和睦的家庭生活氛围，增加亲子之间的情感交流，以过来人的心理历程去解读孩子青春期的思想和行为，以旁观者的姿态参与讨论并因势利导。

总之，如果说青春期的孩子对异性有一些朦朦胧胧的感觉的话，这是再正常不过的事情了。说明孩子长大了，不再处于男女的无知状态之中，对自己的性别有了认同，对异性也产生了强烈的认识欲望，这与寻求数理化的知识没什么两样。师长应该做的是帮助孩子接受自己的身体变化，接受自己的成长，帮助孩子和异性正常交往，尤其是鼓励孩子和同学广泛接触，共同成长。

第十七节　人格障碍

一、分裂型人格障碍

分裂型人格又称为自卑人格，患有这种人格障碍的人的观念和行为表现奇特，与众不同。性格内向孤僻、胆小懦弱、自卑害羞、沉默寡言，不关心他人对自己的评价，缺乏知己，行为怪癖但一般能使人理解。尽管没有丧失对现实的认知能力，但社会活动能力差，又缺乏进取心，常静坐沉思，沉溺于幻想之中。自我中心倾向明显，对人情感淡漠，缺乏亲密、信任的人际关系，怕见生人，不主动与人打招呼，也不愿意介入别人的事，尤其回避那些竞争性情境。几乎没有自信心，害怕在别人面前讲话做事，往往话到嘴边就犹豫起来，吞吞吐吐，浑身紧张，手足无措；做作业、写文章或干别的事都不愿意让别人看见，害怕被人耻笑。由于疏远他人，也使自己在群体中感到日益孤立，越来越难堪。

患有分裂型人格障碍的人主要表现为缺乏温情，难以与别人建立深切的情感联系，因此，人际关系一般很差。

如果我们的日常行为中有以下现象中的五项，那么就很可能患有分裂型人格障碍。

□关联性。毫无道理地将与己无关的事情联系起来而感觉不安。

□不寻常的知觉体验。一贯产生错觉、幻觉，常看见不存在的人。

□奇异的信念和想法，或与文化背景不一致的行为。对透视力、心灵感应或“第六感官”、“别人可以体验我的情感”等奇异功能特别着迷。

□行为怪僻。几乎总是单独活动，主动与人交往仅限于生活或工作中必需的接触，除至亲外无亲密朋友或知己。

□缺乏温情。难与他人建立起深切的情感关系，甚至对亲人也缺乏必要的温暖与体贴。

□过度的社会焦虑。例如有陌生人在场时表现出极度不安。

□奇怪的、反常的、特别的行为或外貌。服饰奇特，不修边幅，行为不合时宜，不符合习俗或目的不明确。

□言语怪异。谈话经常离题，用词不当，繁简不当，表达意思不清楚。

导致分裂型人格的主要原因是不能适应环境。有分裂型人格的人一般都有较强的自尊心和进取心，但由于各种原因使自己经常遭受挫折、失败、屈辱，尊重长期得不到满足。因而自卑、怯懦、胆小等特点逐渐发展、强化和巩固下来，成为自我身上稳定的人格特征。例如，好高骛远，能力不足，或缺乏合作经验，因而遭受挫折；缺乏机会，与他人合作不好，人际关系不融洽，因而很少获得成功；家长过分苛责和打骂、教师过分严厉的批评指责、他人当众羞辱，等等，都会严重伤害自己的自尊心；受环境压抑或社会观念影响（如遗传决定论、宿命论等），认为自己天资不如人或时运不济，并以此来解释自己的处境，聊以自慰，其结果必然助长自卑心理。性格内向，不好交往，使自己不了解周围的人，别人也不了解自己。因而难以得到他人的同情、谅解和帮助，于是自卑、怯懦、胆小和内向等人格特征更加强化巩固。

分裂型人格常从童年时期形成并维持一生，很少改变，而且各种表现比较稳定，不易发生衰退。迄今无特殊药物治疗这种病态人格，不过有分裂型人格的人智力尚属良好，有的人还能获得杰出成就。

所以，具有分裂型人格的人没有必要自卑，要勇于承认自己的人格缺陷，注意多与他人接触，不要老是担心会被人耻笑或误解；要尽量轻松愉快地与人谈话、交往，在与人交往中跟他人相互了解，争取得到他人的理解和帮助，用友谊来取代孤独。别人由于你给予他的帮助而称赞你，这有助于你摆脱并克服自卑、怯懦，增强成功感和自信心。此外，还要努力实践奋斗，以勤补拙。要相信“世上无难事，只怕有心人”这句至理名言。只要选准适合自己特长和条件的奋斗方向，经过自己的努力，一定能够有所成就。

患有分裂型人格障碍的人要注意有意识地分析自己，确定积极的人生理想。应懂得这样一个道理：人生是一种情趣无穷的愉快旅程，每一个人都应该像一位情趣盎然的旅行家，像欣赏宇宙万物那样，每时每刻都在奇趣欢乐的道路上旅行，这样才能充满生活乐趣和前进的动力。要创造条件，有意识地接触社会实际生活，扩大接受社会信息量，促使兴趣多样化。

还应当努力培养自己的兴趣。兴趣是指积极探究某种事物而给予优先注意的认识倾向，并具有向往的良好情感，因此兴趣培养有助于克服兴趣索然、情感淡漠的人格。通过饲养自己感兴趣的小动物，也可以激发生活的情趣，实现自我满足感并改善其冷漠的心态。

二、自恋型人格障碍

古希腊有这样一个神话故事：一位叫纳喀索斯的英俊少年，一天，他在泉水边休息，看到了水中自己的倒影，便一见倾心，从此对其他的人和事再也没有任何兴趣。他终日在水边看着自己的倒影不忍离去，最后憔悴而死，死后化为一朵水仙花。后来，心理学界便以纳喀索斯的名字来命名自恋型人格障碍。

如果我们的日常行为中有符合以下状态中的五项，那么就很可能患有自恋型人格障碍。

□自高自大，夸大自己的才能，特别希望受到他人的关注；

□对批评的反应是愤怒、羞愧或感到耻辱，虽然不一定立刻表露出来；

□坚信自己关注的问题是世上独有的，不能被一般人了解；

□对成功、权力、荣誉、美丽或理想爱情抱有非分的幻想；

□认为自己应该享有他人没有的特权；

□渴望持久的关注与赞美；

□缺乏同情心；

□喜欢指使他人，要求他人为自己服务；

□忌妒心强。

患上自恋型人格障碍，通常是因为在童年时期受到过多地关注和无原则的赞赏，同时又很少承担责任，很少受到批评与挫折。自恋型人格障碍的最根本的动机是得到他人的赞赏与爱，然而，因为对他人的冷漠和藐视，而常常被他人所拒绝。

如果患上了自恋型人格障碍，我们可以进行自我治疗，一般可采用以下方法：

第一步，解除以自我为中心的人生观。自恋型人格的最主要特征是以自我为中心，而人生中以自我为中心的心理最为强烈的阶段是婴儿时期。由此可见，支配我们自恋型人格障碍的行为心理实际上退化到了婴儿期。朱迪恩·维奥斯特在《必要的丧失》一书中说道："一个迷恋于摇篮的人不愿丧失童年，也就不能适应成人的世界。"因此，要治疗自恋型人格，必须了解婴儿化的行为。可以把自己认为惹人厌恶的人格特征和他人的批评罗列下来，看看有多少婴儿期的成分。请一位和自己亲近的人作为监督者，一旦出现强烈的自我中心主义的行为，便给予警告和提示，督促自己及时改正。通过这些努力，自我中心观是会逐渐消除的。

第二步，学会爱他人。对于我们来说，仅仅抛弃自我中心的观念是不够的，还必须学会去爱他人，唯有如此才能真正体会到放弃自我中心观是一种明智的选择，因为任何人要获得他人的爱首先必须付出自己的爱。弗洛姆在《爱的艺术》一书中阐述了这样的观点：幼儿的爱遵循"我爱因为我被爱"的原则，而成人的爱则遵循"我被爱因为我爱"的原则；不成熟的爱认为"我爱你因为我需要你"，而成熟的爱则认为"我需要你因为我爱你"。自恋型的爱就像是幼儿的爱、不成熟的爱，因此，要努力加以改正。生活中最简单的爱的行为便是关心他人，尤其是当他人需要帮助的时候。当同学生病时及时送上一份问候，他就会真诚地感激你；当同学在经济上有困难时，力所能及地解囊相助，便自然会得到同学的尊敬。只要在生活中多一份对他人的爱心，自恋症状便会自然减轻。正如维奥斯特所说的："通过爱，我们可以超越人生。"

三、依赖型人格障碍

在我们的生活中，如果什么事都一味依赖父母，久而久之，离开父母就会不能自主，缺乏自信，不能独立承担各项任务，也会形成我们的依赖型人格。

如果我们的日常行为中有以下七项，那么就很可能患有依赖型人格障碍。

□深感自己软弱无助，总是感觉"我真可怜"。当需要自己拿主意时，便感到一筹莫展；

□在没有从他人处得到大量的建议和保证之前，不能对日常事物作出决策；

□让他人为自己作大多数的重要决定，如在何处生活，该选择什么职业等；

□无意识地倾向于以别人的看法来评价自己；

□理所当然地认为别人比自己优秀，比自己有吸引力，比自己能干，缺乏独立性，很难单独展开计划；

□过度容忍，为讨好他人甘愿做低下的或自己不愿做的事；

□害怕被他人忽视，明知他人是错误的也随声附和；

□很容易因为没有得到赞许或遭到批评而受到伤害；

□经常被遭人遗弃的念头所折磨；

□当亲密的关系中止时感到无助或崩溃；

□独处时有不适和无助感，或竭尽全力以逃避孤独。

依赖型人格障碍是日常生活中较为常见的人格障碍，如果我们患上了依赖型人格障碍，则处世缺乏独立性，经常会感到自己无助、无能和缺乏精力，害怕被人遗弃；将自己的需求依附于他人，过分顺从他人的意志；要求和容忍他人安排自己的生活；当与他人的亲密关系终结时有被毁灭的体验；有一种将责任推给他人来对付逆境的倾向。还会对亲近与归属有过分的渴求。这种渴求是强迫的、盲目的、非理性的，与真实的情感无关，甚至宁愿放弃自己的个人兴趣、人生观，只要能找到一座靠山，时刻得到别人对自己的温情就心满意足了。这种处世方式使得自己越来越懒惰、脆弱，缺乏自主性和创造性。由于处处委曲求全，又会产生越来越多的压抑感，这种压抑感会使自己渐渐放弃自己的追求和爱好。

对依赖型人格障碍的治疗，首先要纠正自己的日常行为习惯。依赖型人格的依赖行为已成为一种习惯，治疗首先必须破除这种不良习惯。要清查一下自己的行为中哪些是习惯性地依赖他人去做，哪些是自己作决定的。可以每天作记录，记满一个星期，然后将这些事件按自主意识强、中等、较差分为三等，每周一小结。依赖行为并不是轻易可以消除的，一旦形成习惯，你会发现要自己决定每件事都会很难，可能会不知不觉地回到老路上去。为防止这种现象的发生，简单的方法是找一个自己最依赖的人作为自己的监督者。

但是简单地破除了依赖的习惯，而不从根本上找原因，依赖行为也可能复发。治疗依赖型人格障碍需要两个步骤重建自己的信心，从根本上对依赖型人格加以矫正。

第一步，消除童年不良印迹。由于自己缺乏自信，自我意识十分低下，这与童年期的不良教育在心中留下的自卑痕迹有关。可以回忆童年时父母、长辈、朋友对自己说过的具有不良影响的话，例如：你真笨，什么也不会做。把这些话语仔细整理出来，然后一条一条加以认知重构，并将这些话语转告给你的朋友、亲人，让他们在你试着干一些事情时，不要用这些话语来指责你，而要热情地鼓励、帮助你。

第二步，重建勇气。可以选择做一些略带冒险性的事，每周做一项。例如：独自一人到附近的风景点去短途旅行，独自一人去参加一项娱乐活动。通过做这些事情，可以增加勇气，改变事事依赖他人的弱点。

四、攻击型人格障碍

攻击型人格障碍是我们在青少年时期常见的一种人格障碍。由于情绪高度不稳定，极易产生兴奋的冲动，办事鲁莽，缺乏自制和自控能力，所以稍有不如意便会大打出手，不计后果。而我们的心理发育不成熟，判断分析能力差，容易被人挑唆怂恿，从而对他人和社会表现出敌意、攻击和破坏行为。

如果我们的日常行为有以下表现中的三项，则很可能患有攻击型人格障碍。

□有不可预测和不考虑后果的行为倾向；

□行为爆发难以自控；

□不能控制不适当的发怒，尤其是行为受阻或受批评、指责时容易与他人争吵或冲突；

□情绪反复无常，不可预测，易爆发愤怒和暴力行为；

□生活无目的，事先无计划，对很可能出现的事也缺乏预见性，或做事缺乏坚持性，如不给予奖励，便很难完成一件较费时的工作；

□强烈而不稳定的人际关系，与人关系时而极好，时而极坏，几乎没有持久的朋友；

□有自伤行为。

攻击型人格障碍包括主动攻击型和被动攻击型。主动攻击型人格障碍呈现较为持久的攻击言行，缺乏自控能力，常冲动攻击他人。被动攻击型人格障碍一般对他人表现得被动和服从、百依百顺，内心却充满敌意和攻击性，即以被动的方式表现自己强烈的攻击倾向。

攻击型人格障碍产生的原因不是单一的，而是主要由以下几个方面的原因综合作用的结果：

(1)生理原因。大量动物实验与临床资料表明，攻击行为有其生理基础。一些生理学家提出，小脑成熟延迟，传递快感的神经道路发育受阻，因而难于感受和体验愉快与安全，可能是攻击行为发生的因素。

(2)心理原因。自我角色的认同与攻击性有很大的相关性。如果我们是进入青春期的男孩，常常自以为已经长大成人了，特别热衷于男子汉角色的认同和片面理解，强调男子汉的刚毅、果断、义气、力量、善攻击等特征。因此，会在同龄人面前，特别是有异性在场时表现出较强的攻击性，以证明自己是一个男子汉。心理原因的第二个方面是由于自卑心理与其后产生的补偿效应。有自卑心理的人常寻求自卑的补偿方式。当我们以冲动、好斗作为补偿的方式时，我们的行为就表现出较强的攻击性。另外，我们的自尊心特别强。如果经受挫折，往往反应特别敏感、强烈。挫折是导致攻击行为的一个重要原因，“挫折攻击”理论提醒我们：生活中每个人或多或少都会有挫折，因而每个人都有攻击性；挫折越大，越有可能出现攻击行为，甚至使用暴力。

(3)家庭原因。一般说来，攻击性与家庭教育有较大关系。如果我们被父母溺爱则往往个人意识太强，受到限制就容易采取暴力行为发表不满。假如我们出生在专制型的家庭，或者父母有暴力行为，我们常遭打骂，心理受到压抑，长期郁结于内心的不满情绪一旦爆发出来，往往会选择较为激烈的行为来发泄积怨。而且，我们很容易会模仿家长的攻击行为。

(4)社会原因。带有武打、凶杀等暴力内容的小说和影视剧使得缺乏分析能力的我们容易产生认同感和模仿行为。另外,社会上流行的"老实人吃亏"的观念也常使我们产生攻击性行为。

一旦患上攻击型人格障碍,由于自我控制能力非常弱,所以要加强控制自己的行为并进行心理的纠正:

(1)正确认识自己,认识自己外部的变化和心理的变化。作为进入青春期的男孩,我们不能仅仅停留在对自己身体的某些外部特征和外部行为表现的认识上,还要经常反躬自问和独立反省,完善自我,把精力用到学习、成才上去。

(2)参加多种形式的业余文艺、体育活动,让体内的内在能量寻找一个正常的释放渠道。培养各种爱好和兴趣,使自己的情操得到陶冶,从而健康成长。

(3)正确对待挫折。人生在世会有这样或那样的挫折,要正视挫折,总结经验,找到受挫折的原因并加以分析,而不是一遇挫折就采取攻击行为。积极培养自己的承受能力,并能对挫折采取积极的富有建设性的措施。培养自我必要的涵养,学会大事化小,小事化了。

五、循环型人格障碍

循环型人格障碍又称情感型人格障碍,指生活中所见的情绪高涨与忧郁低下极端波动的人格类型,一般女性多于男性。患有这种人格障碍的人在情绪兴奋时表现热情高涨,活跃乐观,有发自内心的欣喜和满足感。此时雄心大志,精神振奋,非常自负,自我评价很高,社会活动能力很强。同时还表现出性格急躁,不遂心时容易激动发怒。思想行为缺乏专一性和持久性,情感不深刻,容易感到疲惫,波动不稳定。情绪低落时,则表现忧郁,对任何事物缺乏兴趣,精力和体力不足,悲观沮丧,少言寡语，懒于做事，遇事感到困难重重，一筹莫展。在心理卫生调查中发现循环型人格障碍患者占全部人格障碍患者的2.3%。

循环型人格障碍一般发生于青少年时期。情绪高涨或低落的程度、持续时间及其周期频度是不一样的，但随年龄增长，往往加重，这是不同于其他类型人格障碍之处。

如果日常行为中有如下表现，则很可能患有循环型人格障碍。

□情绪兴奋型单纯以情绪兴奋高涨为主要表现，情绪忧郁不明显或持续期很短，在性格特征中不占主要地位，情绪高涨，充满信心和喜悦，雄心勃勃，精神振奋，热情好交往，较急躁，做事有始有终，经常做出大量的计划和设想，但并非都是经过深思熟虑的。这类人群在青少年中并不少见，又称为“情感增盛型”；

□情绪低落型仅以情绪忧郁为主要表现，无兴奋表现或兴奋期不明显，或为期短暂，情绪低沉、悲观，愁眉不展，自感精力不足，信心不强，寡言少语，遇事感到困难重重，又称为“情感抑郁型”；

□情绪兴奋与情绪低落交替型以心境良好和悲伤相交替为特征，这种转换并非外部因素引起。

形成循环型人格障碍的原因在心理学界存在很大的争议。遗传、精神和躯体因素以及神经系统与代谢功能的平衡失调造成的长期抑郁状态可能是造成循环型人格的主要原因。

循环型人格障碍的矫正需要通过心理治疗缓解抑郁心理，同时可以通过药物对过于抑郁或兴奋的状态予以压制。但是药物治疗副作用比较明显，所以应该努力调整自己所处的环境，摆脱可能造成抑郁心理的因素，逐步缓解症状，更要注意避免诱发躁狂抑郁症。

六、偏执型人格障碍

偏执型人格又称为“妄想型人格”，其行为特点常常表现为极度的感觉过敏，对侮辱和伤害耿耿于怀；思想行为固执死板，敏感多疑、心胸狭隘；爱嫉妒，对他人获得成就或荣誉感到紧张不安，妒火中烧，不是寻衅争吵，就是在背后说风凉话，或公开抱怨和指责别人；自以为是，自命不凡，对自己的能力估计过高，惯于把失败和责任归咎于他人，在工作和学习上往往言过其实；同时又很自卑，总是过多过高地要求他人，但从来不信任别人的动机和愿望，认为他人存心不良；不能正确、客观地分析形势，有问题容易从个人感情出发，主观片面性强；如果建立家庭，常怀疑自己的配偶不忠，等等。持这种人格的人在家不能和睦，在外不能与朋友、同事相处融洽，别人只好对他敬而远之。

如果我们的日常行为中有以下现象中的三项，那么就很可能患有偏执型人格障碍。

□对他人的错误不能宽容，容易产生病态嫉妒；

□广泛猜疑，常将他人无意的、非恶意的甚至友好的行为误解为敌意或歧视，或无足够根据，怀疑会被人利用或伤害，因此过分警惕与防卫；

□过分自负，若有挫折或失败则归咎于人，总认为自己正确；

□脱离实际地好争辩与敌对，固执地追求个人不够合理的利益；

□忽视或不相信与自己想法不相符合的客观证据，因而很难以阐述道理或说明事实来改变想法；

□将周围事物解释为不符合实际情况的“阴谋”，并可成为超价观念（一种类妄想观念或者常盘旋于脑中的非强迫性意念）。

形成这种偏执型人格，可能是因为我们从小被娇宠，形成了唯我独尊，受不得一点儿委屈，以自我为中心的性格，但等到我们逐渐长大，父母却又过分严厉，从而导致性格扭曲，偏执异常；或者是受父母偏执的影响。

对于偏执型人格障碍的治疗，自我调控是非常重要的。首先要克服虚荣心，培养高尚的情趣。人无完人，谁都会有缺点和错误，这些用不着掩饰。要用诚恳的态度对待生活，要树立远大的目标，追求美好、崇高的事物。不要整天把心思放在修饰打扮和赶时髦上，更不要夸夸其谈，不懂装懂。加强自我调控，要善于克制自己的抵触情绪，以及无力的言行。对自己的错误要主动承认，善于用幽默、自我解嘲为自己找台阶下，不要顽固地坚持自己的观点。

患有偏执型人格障碍易对他人和周围环境充满敌意和不信任感，应该克服敌意对抗心理，可以经常有意识地提醒自己不要陷入“敌对心理”的旋涡中。事先自我提醒和警告，处世为人时注意纠正，这样会明显减轻敌意心理和强烈的情绪反应。要懂得只有尊重他人，才能得到别人尊重的基本道理；要学会对那些帮助过你的人说感谢的话，不能无动于衷；要学会向你认识的所有人微笑，可能开始时很不习惯，做得不自然，但必须这样做，而且努力去做好；要在生活中学会忍让和有耐心。生活在复杂的大千世界中，冲突纠纷和摩擦是难免的，这时必须忍让和克制，不能让敌对的怒火烧得自己晕头转向，肝火旺盛。

七、表演型人格障碍

表演型人格障碍又称“癔症型人格障碍”或“寻求注意型人格障碍”，也称为“心理幼稚型人格障碍”。从这些含义中即可看出，这种人格障碍以人格的过分感情化，以夸张言行吸引注意力及人格不成熟为主要特征。表演型人格障碍是一种过分情感化和用夸张的言行吸引注意为主要特点的人格障碍。这类人感情多变，容易受别人的暗示影响，常希望领导和同事表扬和敬佩自己，愿出风头，喜欢参加各种人多的活动，常以外貌和言行的戏剧化来引人注意。患有这种人格障碍的人常感情用事，用自己的好恶来判断事物，喜欢幻想，言行与事实往往相差甚远。

如果我们的日常行为中有以下现象中的三项，则很可能患有这种人格障碍。

□暗示性高，很容易受他人的影响；

□需要别人经常注意，为了引起他人的注意，不惜哗众取宠、危言耸听，或者在外貌和行为方面表现得过分吸引他人；

□表情夸张像演戏一样，装腔作势，情感体验肤浅；

□说话夸大其词，掺杂幻想情节，缺乏具体的真实细节，难以核对；

□以自我为中心，强求别人符合他的需求或意志，不如意就给他人难堪或表示强烈不满；

□情感反应强烈易变，完全按个人的情感判断好坏；

□经常渴望表扬和同情，感情易波动；

□寻求刺激，过多地参加各种社交活动。

表演型人格障碍产生的原因一般认为与早期家庭教育有关，父母的溺爱，使自己受到过分的保护，造成生理年龄与心理年龄不符，心理发展严重滞后，停留在少儿期的某个水平，因而表现出癔症型人格特征。另外，患有表演型人格障碍的人心理常有暗示性和依赖性，也可能是本类型人格障碍产生的原因之一。

由于患有表演型人格障碍的人具有人格发育不成熟的特点，自我矫正有相当的困难，因此主要以外在治疗为主。目前治疗表演型人格障碍主要有认知领悟疗法和合理情绪疗法两种方法。

第三章　中学生心理健康教育

第一节　心理健康教育

一、认识心理健康

从广义上讲，心理健康是指一种高效而满意的、持续的心理状态。从狭义上讲，心理健康是指人的基本心理活动的过程内容完整、协调一致，即认识、情感、意志、行为、人格完整和协调，能适应社会，与社会保持同步。

人的心理怎样才算是健康，这是一个非常复杂的问题。因为心理健康与不健康之间不像生理活动，如脉搏、血压那样，有一个可以量化的界限，但心理学家们也提出了自己的看法。

心理学家奥尔波特是美国第一个集中研究健康人格而不是精神病人格的心理学家。他认为心理健康的人是成熟的人，这样的人有长远的目标和理想，生活中充满着活动力与变化，其特点是：能把自我延伸到活动；能与他人建立亲密的联系；有安全感；形成现实主义的知觉；有一定的技能与任务；自我客观化；有统一的人生观。

心理学家罗杰斯提出心理健康的人是充分发挥作用的人。

心理学家弗洛姆提出心理健康的人是创造的最高典范，提出心理健康的人是自我实现的人，其特点是：有效地知觉现实；全面地接受自然、别人和自己；自发、单纯、自然；责任感与自我献身精神；独处与独立的需要；自主的活动；不断更新的鉴赏力；神秘的或高峰的体验；对所有的人的爱的情谊；人际关系融洽；民主的性格结构；手段和目的、善和恶之间的辨别力；非敌意的幽默感；创造性；抵制文化适应。马斯洛所描绘的自我实现的人是有很强的独立民主意识和创造性的人，是智力充分发展、品德十分高尚的人。

我们从各心理学家的研究中可归纳出心理健康者的特点有 5 条，具体如下：

1. 勤于工作且热爱工作

心理健康的人是勤于工作且热爱工作的人。他们在积极的人生态度指引下，有强烈的责任感，能投身于有意义的工作。对工作的投入，使人获得成就感并提高自我价值感。工作或职业可以表现个人的价值，获得个人地位，并可以免除不必要的忧虑。一个心理健康的人，能将本身的才能从工作中表现出来，同时也可以从工作中获得成就。

2. 有积极的自我观念

心理健康的人能够正面看待自己和别人，肯定自己，也觉得自己能为他人所接纳；他们了解自己的长处与短处，自我评价适当，不过分自我炫耀，也不过分自我责备，他们不是将注意力放在自己的缺点上，以至于对自己的感觉很差，缺乏自信；他们能真实地感知自己，较能不受自己的动机或防卫心理的影响，正确地看待自己，接纳自己，因而是富有幽默感的、快乐的。

3. 对现实有正确的知觉能力

心理健康的人能面对现实并有效适应。每个人都在适应环境和应变环境中的压力与要求，因此能对现实作正确的诠释是相当必要的。他们能与现实保持良好的接触，能对环境作正确的、客观的观察，并有效地适应，包括改变环境或应付环境，即能用切实的办法解决问题，而不是企图逃避问题。他们能忍受生活中的挫折打击，而不是遁入幻想之中。

4．良好的人际关系

心理健康的人能爱人也被爱，因此他们有朋友。他们在与人相处时，尊重、信任、赞美、喜悦等正面态度多于仇恨、疑惧、嫉妒、厌恶等反面的态度。他们个人的思想、目标、行动能与社会的要求相互协调，能重视团体的需要，接受团体的传统，控制与团体所不容的欲望，所以能维持和谐的人际关系。

5．能自我感受并控制情绪

心理健康的人能体会所有的情绪。他们感受快乐、愉悦、爱与忧愁。个体对环境能真实地感知，且能如实地感受，并能恰如其分地控制，不会太过或不及。他们不会过于冷酷或无情，在情绪方面能恰当地估量并表现得合乎情境。

心理健康的中学生应符合上述特点，并且其心理特点与其年龄阶段和学习生涯应相符。具体表现为：

（1）勤于学习，乐于学习。

（2）自尊自信，积极向上。

（3）面对现实，适应环境。

（4）情绪正常，乐于交往。

（5）心理协调，人格健全。

二、心理健康教育的途径

开展心理健康教育的途径和方法可以多种多样，不同学校应根据自身的实际情况灵活选择、使用，注意发挥各种方式和途径的综合作用，增强心理健康教育的效果。

在小学以游戏和活动为主，营造乐学、合群的良好氛围；初中以活动和体验为主，在做好心理品质教育的同时，突出品格修养的教育；高中以体验和调适为主，并提倡课内与课外、教育与指导、咨询与服务紧密配合。

（一）开设心理健康选修课、活动课或专题讲座

包括心理训练、问题辨析、情境设计、角色扮演、游戏辅导、心理知识讲座等，旨在普及心理健康科学常识，帮助学生掌握一般的心理保健知识，培养良好的心理素质。要注意防止心理健康教育学科化的倾向。

（二）个别咨询与辅导

开设心理咨询室（或心理辅导室）。教师和学生通过一对一的沟通方式，对学生在学习和生活中的问题给予直接的指导，排解心理困扰，并对有关的心理行为问题进行诊断、矫治。对于极个别有严重心理障碍的学生，能够及时识别并转介到医学心理诊治部门。

（三）要把心理健康教育贯穿学校教育教学活动之中

要创设符合心理健康教育所要求的物质环境、人际环境、心理环境，寻找心理健康教育的契机，注重发挥教师在教育教学中的人格魅力和为人师表的作用，建立起民主、平等、相互尊重的新型师生关系。班级、团队活动和班主任工作要渗透心理健康教育。

（四）积极开通学校与家庭同步实施心理健康教育的渠道

学校要指导家长转变教子观念，了解和掌握心理健康教育的方法，注重自身良好心理素质的养成，营造家庭心理健康教育的环境，以家长的理想、追求、品格和行为影响孩子。

三、维护中学生心理健康的意义

（一）中学生心理健康问题是当前教育面临的新课题、新任务

当前，国际上的各种竞争例如经济、科技、军事等的竞争说到底是人

才的竞争，而人才又赖于教育去培养，所以尽快造就具有良好心理素质和广泛适应能力的各种人才就成为教育改革和现代学校关注的中心课题。

而今，我国的中学生正处于新旧体制常常发生碰撞，许多问题不可能尽如人意并适时解决，各行各业的改革都步履艰难的背景下，受应试教育的驱使，中学生被迫投入竞争，随着父母离异等破损家庭的增多，以及社会环境的某些消极影响，造成了中学生的种种心理问题。面对中学生存在的各种心理健康问题，仅仅靠原有的教育教学与德育工作难于应付局面。为了改变学校教育被动状态，社会、学校、家长都在呼唤心理学直接参与学校教育工作。

（二）维护中学生心理健康是全面素质教育的要求

我国改革开放和市场经济的建立，“科教兴国”、提高“全民族素质”等一系列战略方针的确立，都对人的素质提出了更新、更高的要求，时代呼唤高素质的、个性健康的人才。素质的核心是心理素质，素质教育的核心问题是要培养学生良好的心理素质。教育发展《纲要》明确了心理素质是素质结构的有机组成部分。因此研究维护心理健康是全面素质教育的要求。

(三)有利于直接促进中学生心理健康,大面积提高教学质量

通过有效的途径维护学生的心理健康,学生的心理得以正常发展。心理困惑得到疏导,不良心理与行为得到矫治,学生表现出良好的心理素质,学习积极性高、思维活跃,学习上没有心理负担与压力,爱学、会学并富有创造性。个性健全发展,能够适应学校、社会的要求,完善自我。在此基础上,教学质量大大提高。

(四)研究探讨中学生心理健康问题为师范学校公共课——心理学教学开拓了新的教学领域

传统的心理学教学已不能适应时代的发展,应增设心理卫生方面的教学,传授心理卫生、心理咨询、心理治疗、心理辅导等方面的知识,每一位师范生将来也能做一位中学生的心理按摩师,帮助心理不良的中学生撑起倾斜的精神,了解自我人格特质,使未来的教师真正称得上是"人类灵魂的工程师"。

【个案分析】

小杰怎么了

今天又是一节思想品德课,预备铃已响,还未踏进高一(2)班的教室,就听见小杰的大嗓门,而且人不在自己的座位上。看见老师进来,他才赶忙回到自己的座位上,见课桌上的书本乱七八糟地放着,匆忙把所有的课本往地上一放。上课了,他仍然心不在焉,一会儿看看窗外的风景,一会儿看看四周的同学……小杰是一个令其他任课老师都头疼的学生,上课摆出一副不认真的样子,头转来转去,还不时乱插嘴,打断老师的讲课;老师对他批评教育时,他会摆出一副不服气的样子,眼睛望着天花板,一副不合作的样子;学习上并不认真,脑子很灵活,但成绩处于中等;喜欢与顽皮的学生交往,对打架特别感兴趣,哪儿打起来,总有他的身影,要么参与,要么看热闹,唯恐天下不乱。不过他也是班级里的"百晓生",大小事问他准知道。

小杰个案心理健康教育引发的思考

一、心理分析

小杰是属于那种情绪方面不稳，喜怒无常的类型。表现为：当其情绪喜悦时，学习积极性高涨，与别人相处和谐；当其情绪烦躁时，学习积极性低落，与别人难以友好相处，甚至出现打架、斗殴等现象；常为一点儿小事跟别人闹意见，斤斤计较，并且耿耿于怀。

二、造成小杰这种心理的原因

1. 家庭影响：父母是孩子的第一任老师，小杰的父亲经常在外做生意，不太关心他的生活，遇到小杰成绩不理想，或在学校里做了错事，他就动辄打骂，这种不当的教育方式，造成小杰万事喜欢用武力解决，好打架。

2. 学校影响：小杰上课不认真，捣蛋插嘴，老师对他很头疼，批评时可能有些粗暴，且不能耐心地与他沟通。他特别想引起老师的注意，希望得到老师的关注，但又常常得不到老师的赞美。这造成他与老师对着干，有抵触情绪，听不进老师的批评，使学校对他的思想教育不能落到实处。

3. 青春期的生理和心理影响：在青春期，学生身体迅速发育成长，极大地打破了生理和心理之间的平衡。这一阶段心理发展正处于半成熟半幼稚阶段，在这一阶段，一方面以成人自居，另一方面却又受到自身经验和能力的限制，开始有意识地摆脱童年期的直率和纯真，并以怀疑和审视的态度来观察和面对周围的事物。这个阶段容易冲动，行为不易预测，逆反心理比较强，所以对于父母和老师的批评和劝导往往产生抵触情绪。

三、如何解决小杰的心理偏差

1. 家庭教育与学校教育结合形成合力。伟大的苏联教育家霍姆林斯基曾经说过：“没有家庭教育的学校教育和没有学校教育的家庭教育都不可能完成培养人这一极其细微的任务。”

(1)开好家长会。让家长及时了解小杰这一阶段的表现，做到把家长请进来。

(2)定期做好家访工作。多到家庭中了解小杰的生活环境、家庭状况、个性特点，听一听家长的心声，融洽老师与家长、学生的关系。

(3)用好家长学校这一平台。网上家长学校有好多文章、经验值得家长去学习，可以提高家长的家庭教育理论水平，并且可以为家长推荐一些家庭教育方面的成功经验。另外，短信沟通拉近了学校与家长的联系，这样可以及时迅速纠正小杰的行为偏差，使其逐步养成良好的行为习惯。

2. 班主任、任课老师互相合作形成教育合力。对一个学生的思想教育，不仅仅是班主任的事情，任课老师也要在自己的课堂中渗透德育。

(1)加强养成教育。作为一名思想品德课老师，特别要加强学生的思想教育、养成教育，使其养成良好的行为习惯、良好的学习习惯。从文明礼貌、衣着、坐姿、学习用品的摆放等小的习惯开始抓起，并定期与他交流和沟通，有成绩及时表扬，一旦他的学习兴趣开始上来，一些不良习惯得到了纠正，这门功课的成绩也多在80分以上。

(2)班主任定期与任课老师沟通。发现问题大家一起商量，总结一些经验，少一点批评，多一点建议，多一点鼓励，多一点赞美，逐步帮助他克服逆反心理。

(3)教师要关注个性。苏联教育家霍姆林斯基曾经说过：“从我手里经过的学生成千上万，奇怪的是，留给我印象最深的并不是无可挑剔的模范生，而是别具特点、与众不同的孩子。”每个教师要依据小杰的个性心理特点，为他提出适合其发展的具体的有针对性的建议。

3. 加强青春期的心理健康教育。

(1)确立适合青少年实际的教育目标和要求。在对他进行品德行为指导时，要认真分析他的思想状况和心理要求，准确把握其品德发展阶段和水平，在教育策略上要循序渐进，切忌急躁冒进，尽可能避免师生对抗情绪的产生。

(2)创造良好的教育情境。创造良好的班集体，充分发挥集体规范和正确舆论的教育作用，培养健康向上的班风、学风。

(3)提高教师自身素养和教育艺术水平。青少年学生逆反心理的形成，很多都与教师的教育方法不当有关。教育者首先要着力提高自身素养，包括心理素质、教育教学业务能力和职业道德水平等。教师要具备良好的教育心态，要把关心、尊重、爱护学生放在首位，把学生置于与自己平等的地位。在学生出现过激行为时，教师要学会制怒，善于运用机智和策略，巧妙地化解师生冲突。

(4)重视心理疏导工作。首先，疏导重在讲明道理，消除错误的认知因素；其次，要把握和捕捉有利的教育时机，引起情感共鸣；其三，要因势利导，循循善诱，利用学生乐于接受的方式方法和教育媒介，提高疏导工作的成效。

第二节　中学生的心理健康状况

很长时期内，我国的教育模式是应试教育，过于强调考试成绩与升学率，致使家庭、学校只重视发展学生的智力因素和考试技能，忽视了学生心理素质的培养。另外，现在的中学生基本上都是独生子女，父母望子成龙、盼女成凤心切，子女学习压力过重；中学生正步入青春期，对许多问题好奇而迷惑，学校又没有给予及时、适当的教育等。诸多因素的影响，使中学生们面临着巨大的心理压力，心理健康状况堪忧。

中学生的心理健康问题主要表现为三大类：

1. 学习类问题

【个案一】某中学有一位初中女生，学习成绩不太好。老师经常找她谈话，要她努力提高；父母也说她不够努力，时刻提醒她要抓紧一切时间学习，争取考上重点高中；她感觉同学们也在嘲笑她笨。由于心理压力太大，她对学习彻底失去了兴趣。结果在新学期开学时，她带着父母给的1000多元学费出走，从此杳无音信。

【个案二】有一位女生，初中时学习成绩很好，高分考入某重点高中。进入高中后，教师的教学方法不同以前了，竞争对手也发生了变化，使她感到很不适应，学习成绩逐渐下降，出现了厌学情绪。她走进心理咨询室吐露心声："17年来我第一次感到自己的无能，每当看到父母期望的目光，就非常难过，不知如何做才能达到父母的要求。如今，苦闷、烦恼、忧愁、气愤充满头脑，看见书就又恨又怕，真想把它扔出去。"

学习是学生的首要任务，学习成绩是家长和学校最为看重的。强大的学习压力，是中学生产生心理问题的主要原因。

目前，厌学是中学生非常突出的心理问题，学习成绩不好的学生如此，即使成绩很好的同学也有这种倾向。除了上述个案中的厌学情况外，还有一些因其他心理原因引起的厌学状况，如因反应较慢常被人嘲笑而不愿上课的；因记忆、理解等能力稍差使成绩难以提高而对自己失去信心等等。很多学生对学习表现出了强烈的焦躁、愤懑与无奈情绪。虽然目前社会上大谈“减负”，但学校课业任务仍旧繁重，竞争依然激烈，父母的期望从未降低，学生的心理压力未见减轻。

除了厌学，考试焦虑也是一种学习类心理健康问题。很多学生平常学习不错，偶尔还可以给他人以指导，但一到考试就紧张，总怕自己考不好，拼命准备、夜不能眠，有的甚至还在考试前出现头痛、恶心、发烧等病症。考试焦虑严重影响了学生的考试成绩和身体健康。

2. 人际关系问题

人际关系问题也是困扰中学生的严重心理问题之一。中学生人际关系，主要包括与父母的关系、与教师的关系和与同学的关系。

(1)与父母的关系问题

与父母关系的问题，主要是因为父母与子女之间缺乏相互理解和沟通，或家庭关系不和谐，给学生造成心灵伤害。例如，有一位初中女生，父母经常吵架乃至大打出手，因此她不愿待在家里，不愿见父母，整天就想往外跑，心里烦闷极了。还有一位学生，经常和妈妈闹矛盾，听到她的骂声就心烦，有时真想离家出走、永不回头，可看到妈妈有些发白的头发、疲倦的面容，又于心不忍。他每天生活在这种内心矛盾之中，心里很痛苦。

(2)与教师的关系问题

与教师关系不和带来的心理困扰，主要是由教师对学生不够理解而过多干涉学生的业余生活和正常交往，以及因学习压力而产生的对教师的反感所引起。例如，一位中学生偶尔向一位同班女生询问功课，被老师发现。这位老师不仅严厉地指责他，还把这事当成了这个学生的“小辫子”，动不动就抓在手里揪一揪。老师的做法严重伤害了学生的自尊，致使他对老师产生了反感、对立情绪，进而影响了对学业的兴趣。还有的中学生认为老师“处事不公正”“偏袒成绩好的同学”，等等。

(3)与同学的关系问题

与同学关系不好也是中学生存在心理健康问题的原因和表现之一。例如，有位学生的一位好朋友总是不信任他，认为他对朋友的付出不够多，怀疑他的友谊，使他十分苦恼。有的学生因初中升到高中朋友越来越少，而怀疑世上没有真正的友谊，也交不到真正的朋友，进而对校园生活感到厌倦。

3. 情感类问题

中学生大多处于青春期，人的第二性征渐渐发育，性意识也慢慢成熟。此时，情绪较为敏感且不稳定、易冲动，对异性充满了好奇与向往，自然少不了许多情感的困惑，甚至造成心理困惑。

第三节　青春期女孩的心理健康标准

曾经天真烂漫、无忧无虑的儿童，从某一天起，她的一切都会悄悄地发生巨大的变化：身体长高了，代表着性别特征的某些器官成熟了；思绪多了，情感丰富了，多愁善感，烦恼多多；开始关注异性了；学习、生活等方面的压力大了，感到做人难了……这些变化都表明，昔日的儿童已渐渐长大了，开始步入青春期了。青春期的心理健康不仅和女孩们一个阶段的学习和生活密切相关，更会影响到将来一生的发展。

于是，认识到青春期的心理特点之后，女孩们会迫不及待地想知道：究竟怎样的心理状态才是积极向上、值得不断与之看齐的呢？

所以在这一节当中，我们就来讨论一下青春期女孩的心理健康标准。

1. 拥有较为健全的人格

心理健康的青少年，应努力塑造自己的人格。健全的人格包含的范围很广泛：言行一致、表里如一、光明磊落是人格健全的表现，宽容处世、平和待人是人格健全的表现，处乱不惊、冷静分析是健全人格的表现……一贯提倡的实事求是的科学态度，不但适用于科学的探索，而且适用于做人。青春期的女孩，心地善良，天真烂漫。但是有些少女却因为各种原因沾染了任性的“小脾气”或是坏习惯，一失足成千古恨。这样的不良心态，如果不能尽快得到根除，不仅会在家庭、学校的小环境中处处受排挤，更会在将来的社会中失去立足之地。

青春期的女孩应该以美为典、以德为范、努力加强自身修养。

2. 心理特点与年龄相符、与同龄人相似

青春期是人生中精力最充沛、思维最敏捷、情感最活跃的时期。与其相适应的心理特征应该是对新事物感兴趣、易接受;朝气蓬勃、积极向上、不甘落后。而“老气横秋”、惰性十足就不符合年龄特点,一个人的行为严重偏离自己的年龄特点,是心理不健康的表现。人的心理和行为是随着年岁的增长而不断发展变化的。不同年龄者的知觉、思维、记忆、情感、兴趣、行为方式等等有不同的特征。青春期是人生中精力最充沛、思维最敏捷、情感最活跃的时期。与此相适应,行为上应表现为朝气蓬勃、活泼好动,如果青年人还像儿童那样,喜怒无常,好吵好闹,则是一种心理不健康的表现。相似的道理,若同龄人喜欢的事物你不喜欢,她们不喜欢的你却喜欢;她们不动情的事情你感情冲动,她们动感情的事情你却无动于衷,就要考虑你的心理是否健康了。当然,与别人相似只是相对而言。

3. 尊重自己的同时也要尊重他人

心理健康的女生,要有自尊心,有自尊心才能正确评价自己,才能充分发挥自己优势,克服自己的劣势。缺乏自尊心,不是表现为狂妄自大,就是表现为自暴自弃。在尊重自己的同时还要尊重他人,在文明、礼貌、热情待人方面要有自己的要求,决不接受社会上不良风气的影响。

4. 拥有良好的人际关系,善于与人相处

青年同少年儿童相比,独立意识迅速增加,社会活动范围明显扩大。因此,善于与人相处,是心理健康的一个重要环节。具体说来,应具备下列特点:一是别人了解你,你也了解别人;二是能够受到他人的接纳;三是在集体中有自己的朋友。

建立积极的人际关系,也是心理健康的显著标志。人生活在这个世界上,总要与各种各样的人结成不同关系。青春期的学生,主要是和家长、同学、老师结成关系，与同学之间交朋友，建立纯洁的友谊，在集体中成为受尊敬、受欢迎的人，在一种人际关系融洽、和谐的气氛中生活、学习，心理是积极的、愉悦的。我们每一个人都要为创造这样气氛的集体而竭尽全力。

5. 能适应不同“环境”

生活有时会同你开一些不大不小的“玩笑”：一个有志于科学事业的中学生却同大学无缘；一个渴望在艺术殿堂起舞的年轻人，生活却偏把他送去站柜台。对此，心理不健康者便会心灰意冷，怨天尤人。一个心理健康的人，任何时候都乐观，不绝望。即使暂时失意，也绝不要熄灭对生活的热情。

但是适应环境并不是无动于衷，心理健康的人对刺激的反应也应当是适度的。例如，高考落榜为之不悦，这是正常的。但长久郁闷，甚至茶饭不进，那就未免过分了。心理健康的女孩懂得：世界上的一切事情（包括自己的思想）都在变动之中，要勇于适应这一变动，不断追求更加美好的人生。

6. 智力正常

智力正常是青春期的女生能正常生活、学习等的基本心理条件，是她们与周围环境取得平衡的心理保证。因此，智力是否正常是衡量人的心理是否健康的最重要标准之一。要说明的是，能坐在普通中学教室中学习的女孩智力都是正常的，成绩的高低并不是衡量人的唯一标准，不必为此产生自卑情绪，关键在于如何去开发利用。

7. 社会与个人的协调

精神病学者麦灵格认为：“心理健康是指人们对于环境及相互间具有最高效率及最快乐的适应情况。不只是要有效率，也不只是要能有满足之感，或是能愉快地接受生活的规范，而是需要三者具备。心理健康的人应能保持平静的情绪，敏锐的智能，适于社会环境的行为和愉快的气质。”心理学家波孟说：“心理健康就是合乎某种水准的社会行为：一方面为社会所接受，另一方面能为本身带来快乐。”两位学者都强调了社会环境、个人心理的协调平衡是心理健康最基本的标准。

第四节　青春期男孩的心理健康标准

青春期是生理、心理、社会行为等方面从未成熟到成熟，从未定型到定型的急剧变化的时期，是人生质的转变期，是脱离了儿童时代的认识方式，创造新的自我观念，从心理上重建人生的时期。所以说，青春期少年的心理健康是十分重要的。生理健康的标准是很明确的，例如一个学生的身高、体重与年龄相符，视力、听力良好，心肺正常，肝脾不大……我们可以说他的身体是健康的。但是，看一个青少年的心理是否健康，以什么为标准呢？主要包括下面七项：

1. 心理状态与年龄相符

人的行为是随着身心的发育而变化的。不同年龄段的人，在想法、兴趣、行为上都有不同。儿童有儿童的兴趣，老人有老人的爱好。青少年喜欢争逐的事物，在老年人看来也许会觉得毫无意思。处于青春发育期的人，应该精力充沛、活跃好动，有"初生牛犊不畏虎"之生气。而那些特别"少年老成"的学生，从心理卫生的角度来看，实际上是不大健康的。

2. 与同龄者相似

同龄者人与人之间都彼此相似，虽然并非绝对相同，但差异是有一定限度的。生理上是这样，心理上亦如此。譬如说，当听到"月亮"这个词时，有的少年会联想到"太阳"，有的联想到"星星"，有的联想到"黑夜"，这都是正常的反应。如果有个少年从"月亮"而联想到"死亡"，就显然与众不同，使旁人难以理解。这种情况出现多了，就应注意他的心理状态是否正常。推而广之，如果一个青春期男孩的想法、言语、举止、嗜好、服饰等，与同龄者相差太大，则他的心理可能不够健康。

3. 乐观进取

情绪愉快表示心理健康，正像脉搏正常表示身体健康一样。乐观的人，对任何事物都积极进取，无论遇到什么困难都不畏惧。即使遇到不幸的事情，也能很快地重新适应，而不会长期沉湎于忧愁之中。相反，多愁善感、情绪经常忧郁的人，心理上是不健康的。而且，情绪愈低，心理不健康的程度也愈重。

4. 善于与人相处，人际关系和谐

每个人都生活在社会中，都是社会的一个成员；一个人不可能脱离社会而单独存在。人到了青春发育期，社交范围大，因而，善于与人相处也是心理健康的一个重要部分。要想学会与人友好相处，就要经常与人交往。在交往中，互相取长补短，培养互助合作精神，丰富群体生活经验，锻炼适应他人的能力。青春期男孩与女孩之间的正常交往是应该鼓励的。

人际关系和谐有如下的具体表现：

(1)在人际交往中，心理相容，互相接纳、尊重，而非心理相克，互相排斥和贬低。

(2)对他人情感真挚、善良，而非冷漠无情，伤害别人。

(3)懂得奉献，以集体利益为重，而非损人利己……

5. 适度的反应

每个人对同一事物的反应速度与程度都不尽相同。有的人反应敏捷，有的人反应缓慢。但是，这些差别不能太大。反应敏捷，并不是反应过度；反应缓慢，也不是反应迟钝，更不是没有反应。如果有人的反应偏于极端，他的心理就不健康。例如，一个男同学突然听到雷声，吓了一跳，这是正常的反应；但他若大惊失色，哭喊起来，就属于反应过度，说明他的情绪不稳定。学生因考试失败而一时不悦，是正常的表现；但若他为此而几天不吃饭，甚至有轻生的意念，就可能是心理不健康。当然了，对考试失败无动于衷的学生，心理也未必健康。

6. 直面现实，脚踏实地

心理健康的人，都能面对现实，都能认识环境、把握环境、创造环境。遇到困难，他们总是勇于承认现实，找出问题所在，设法解决。相反，心理不健康的人，由于不能适应环境，往往采取逃避现实的方法。他们在遇到困难时，或者装作看不见，像鸵鸟把头埋在沙里躲避敌人那样，或者做白日梦，从想象的世界中寻求满足。当然，这些"方法"都是不切实际的，只能达到自我欺骗的效果，久而久之，还会发展成病态。

7. 思维合乎逻辑

一个心理健康的人，无论做什么事都按部就班、有条不紊、专心致志，有克服困难的决心和毅力，而不是三心二意、有头无尾；思维合乎逻辑，说话条理分明，而不是东拉西扯，随说随忘。

根据上述青春期心理健康标准，青少年朋友们可以体味一下自己的心理是否在健康之列。若有不健康的地方，就应该积极纠正。

第五节　中学生心理辅导

一、心理辅导的概述

（一）心理辅导的含义

什么是心理辅导？简言之，心理辅导是通过人际关系，运用心理学的方法，帮助来访者自强自立的过程。它包含以下的几个基本特征：

第一，心理辅导解决的是来访者心理或精神方面存在的问题，而不是帮助他们处理生活中的具体问题。

第二，心理辅导是一种职业化的助人行为，而不是一般的帮助活动。

第三，心理辅导强调良好的人际关系气氛。只有在良好的人际关系气氛中，来访者才会有安全感，才会相信咨询员，袒露自己的问题，接受咨询员的帮助。

第四，心理辅导中的人际关系是在特定的时间内建立起来的具有治疗功能的关系，它随着咨询活动的结束而结束。

第五，心理辅导是一种学习和人格成长的过程。通过心理辅导，来访者从不能自强自立到能够自强自立，从不能正确对待自己和他人到学会正确对待自己，减少内心的矛盾冲突，从不善于交往或具有交往焦虑到学会如何与人相处，等等，都是学习和人格的成长过程。

（二）中学生心理辅导的对象与目标

1. 对象

中学生心理辅导的对象主要是正常中学生和能接受辅导帮助的轻微心理障碍的中学生。当这些对象受着情绪困扰，或是有问题行为的时候，他们需要得到心理辅导的帮助。

2. 目标

心理辅导的总目标是帮助当事人寻找自己的方向，并努力去实现与这个方向相关的活动目标。通过心理辅导增强当事人对事物的反应能力，使他们能在多变的生活中善于变通，能不断地产生新思维、新行为去处理各种各样的事情。帮助当事人学会从多方面考虑问题；发展当事人认识自我的能力；发展当事人建立良好人际关系的能力等。

（三）中学生心理辅导的原则与步骤

1. 心理辅导的原则

（1）理解支持的原则

来访者一般对心理辅导抱有很高的期望，但同时也有很多顾虑，担心辅导员不能理解他们的苦衷。因此，辅导员应该热情诚恳地接待来访者，对他们心中的苦闷表示理解，并给予精神上的支持。这样，可以使来访者获得自我成长的勇气和力量。

（2）保密性原则

保密性原则是鼓励来访者畅所欲言的基础，也是对来访者人格及隐私权的最大尊重。以此为基础，来访者才会袒露自己的内心世界，这是真正心理咨询工作的开始。心理咨询的保密范围包括为来访者的谈话内容保密，不公开来访者的姓名等。

（3）耐心倾听和细致咨询原则

心理辅导主要是辅导员启发来访者自己讲述和整理问题。只有认真耐心地倾听，才能了解对方存在的心理问题，才能帮助来访者解除心理重负，放松其紧张情绪。当然，在耐心倾听的同时，辅导员也需要有适当的应答，进行细心地咨询，以澄清问题，把握来访者心理问题的实质。

（4）疏导抚慰和启发教育原则

心理辅导过程中应对来访者在情绪上进行疏导和适当的抚慰与鼓励，使他们感受到温暖并看到自己的长处，逐渐摆脱消沉的情绪进而精神振作起来。同时，应重视正面的启发和教育，应在耐心听取他们倾诉内心苦闷的基础上，与他们共同分析问题，帮助他们调整看问题的角度和方法，学会正确对待自己和他人，从而提高对环境的适应能力。

(5)促进成长的非指导性原则

心理辅导是以咨询双方的真诚关系为基础，这种关系不是一种外部指导或灌输的关系，而是一种启发和促进成长的关系。因为人有了解自己、不断趋向成熟、产生积极的变化的巨大潜能，因此心理咨询的任务在于启发潜能的发挥并促进其成长，而不是包办代替地进行解释和指导。

(6)辅导、治疗和预防相结合的原则

心理辅导和心理治疗密不可分。来访者向辅导员倾诉压抑的情绪。辅导员帮助来访者寻求心理障碍产生的根源，就有心理治疗的作用。辅导员帮助来访者克服焦虑、恐惧等种种心理障碍的过程，也是在进行心理治疗。同时，对于在咨询过程中发现的一些潜在问题，也应该加以开导，及早预防。

2. 心理辅导的基本步骤

(1)建立关系

热情接待，讲明性质与原则，建立初步信任关系。当来访者初次来询时，辅导者应该热情地对他们表示欢迎，请他们入座，并扼要介绍心理辅导的性质与原则，尤其应着重介绍保密性原则，使他们能够畅所欲言，建立初步的信任关系。

(2)了解问题

掌握求助者的意图和所存在的心理问题。在建立初步信任关系后，辅导员应在了解来访者基本情况的基础上，了解来访者所存在的心理问题及其严重程度、持续时间、问题成因等，并弄清来访者本人有无明确的意识、有无强烈的求助愿望等。

(3)分析诊断

认识求助者问题类型性质和严重程度，以便选择帮助方法。分析诊断和了解问题是结合在一起进行的。首先必须弄清来访者问题的类型，是学习的问题，是人际关系的问题，还是青春期的问题。从程度上看，是情绪不安、心理失衡，还是人格障碍、神经症等。然后在此基础上，对来访者的问题进行评估和诊断，进而考虑给予何种方式的指导和帮助。

(4)帮助指导

与求助者共商对策，以求解决问题并促进发展。在对心理问题进行明确诊断之后，重要的工作是帮助来访者分析他们的心理障碍，提供指导意见。但最后问题的解决要靠来访者自己的努力，通过改变他们的认知结构和行为方式来恢复心理平衡。辅导员不能为来访者硬性规定方案，越俎代庖。

(5)结束咨询

讨论下一步的安排，并在可能的情况下，进行追踪了解。经过多次的心理咨询后，如果比较成功，咨询活动可暂告结束。辅导员可以说一些期盼和祝福的话，并欢迎他们有问题再来。如有可能应进行追踪研究，观察咨询的长远效果，以不断总结经验。

二、中学生常见的心理障碍和问题

(一)中学生常见的问题行为

1. 厌学

厌学是中学生，特别是非重点中学的学生中，较为普遍、具有危害性的心理问题。一些学生平时对学习任务敷衍了事，作业靠抄袭，考试靠作弊；少数学生因为厌学而逃课或离家出走，抗拒老师、家长的劝告和教育，有极少数学生则宁可蹲厕所也不去上课。

2. 任性

当今的中学生多数是独生子女，是家庭中的“小皇帝”，父母对孩子过分溺爱，要星星不敢给月亮，使得一些学生任性而为，不能正确对待批评，有时明明知道错了，就是不改，将错就错，一错到底。

3. 脆弱

意志脆弱、耐挫力差，在中学生中较为普遍。有些人常常因为考试成绩不理想、成绩下降、交友不顺利或一些生活琐事而感到失望、沮丧、丧失信心，甚至轻生。

4. 自卑

有一些学生由于先天缺陷或在学习活动中长期得不到成功体验，怀疑自己的智力和能力，非常害怕在公众场合说话，课堂上怕老师提问，害怕朗读课文。这些学生内心充满内疚、忧伤、失望、自暴自弃等消极的心态。

5. 逆反心理

中学生随着生理上的迅速发展，心理上产生了成人感，但在家中仍然被父母当做小孩子对待，常使他们与父母对立，产生逆反心理；在学校中，如果教师批评教育学生时，不注意方式方法，也容易使学生产生逆反心理。

6. 孤独与社交恐惧

孤独感是因离群而产生的一种无依无靠、孤单烦闷的不愉快的情绪体验。它既是缺乏与人交往的结果，又是难以与人交往的心理障碍。独生子女从小缺少同龄伙伴，长期单独生活，进入学校后，又整天与课本书籍为伴。小学阶段，上学、放学又是家长接送，很少与同学交往，导致内向孤僻的性格。进入初中后，功课更多，他们虽内心渴望交友，但由于不善于与人交往，结果依然走不出孤独的困境。

7. 早恋

由于青春期的生理、心理发育，中学生的性意识萌动，而在我国的中小学里，性教育十分薄弱。事实上，中学生的性教育大多来自言情小说和影视镜头，于是初懂人事的少男少女也“认真”地谈起恋爱。

（二）中学生常见的神经症

1. 神经衰弱

神经衰弱是以慢性疲劳、情绪不稳、神经功能紊乱及易于兴奋和易于疲劳或衰竭为特点，还伴有许多躯体症状和睡眠障碍。病前存在着持久的情绪紧张或心理压力。

2. 焦虑症

焦虑症是以突如其来的或反复出现的莫名恐惧和焦虑不安为特点的一种神经症。本病有两种表现形式：一种表现为反复出现惊恐发作；另一种为慢性持续性的焦虑状态。一般伴有植物性神经功能障碍。焦虑症在国外非常多见，在我国也比较常见，据统计，该病占综合医院心理门诊病人的12.2%，发病年龄多在18—40岁，男女比例为2∶3。

3. 强迫症

强迫症是一种主要以强迫观念和强迫动作为主要症状的心理障碍。是一种明知不必要，但又无法摆脱，重复呈现的观念、情绪和行为。我国12个地区的调查表明，该病患病率为0.30‰，据估计实际发病率远比此数高。其原因是，这类患者大多虽在社会生活、情感生活中受到限制，自身痛苦，但一般不影响工作、不影响与他人的关系，常隐而不宣，除亲人外，他人不知。本病发病以青少年居多，男女性别无明显差别。

4. 恐怖症

恐怖症是对某一特定的物体、活动或处境产生持续的和不必要的恐惧，而不得不采取回避行为为特点的一种神经症。该症与正常人对真实的威胁产生的恐惧是不同的。患者认识到这种恐惧是过分的和不必要的，但不可克制。据国外报道，总患病率为6‰，多数发病于青少年，女性较男性为多。

5. 抑郁症

抑郁症是对痛苦经历的抑郁反应，其抑郁程度与经历不相符，但无精神病征象。本病在国外较多见，约占精神科门诊病例的5%—10%，发病年龄以成年早期较多，女性发病率较高。

第六节　中学生心理辅导案例

一、交往辅导

她不再做高傲的公主

【案例介绍】

李某，女，15岁，某中学八年级学生。学习成绩较好，智商中上等。外向型性格，开朗，有个性，思维活跃，敢说敢做。但盛气凌人，自以为是，孤芳自赏，桀骜不驯，嫉妒心强；认为人与人之间无信任和善良可言，皆唯利是图；对他人缺乏真诚。虽然李某学习成绩好，但同学不太喜欢她。她与家长、老师说话也是咄咄逼人，因此与人沟通时总带着争吵的神态，难以心平气和地交流。自认为是不太受人欢迎的人。她想交知心朋友，但同学敬而远之。所担任的班干部工作常因同学的不合作而使她不能如愿。她因而情绪极受影响，气哭过几次，辞职几次，甚至想走绝路。

【案例分析】

中学生正处在身心发育的高峰时期，独立意识和自信心逐渐增强。李某因学习成绩好，思维活跃，加之性格外向，敢说敢做，因而不隐藏自己的喜、怒、哀、乐，说话易得罪同学。她的过于自信使她产生自傲心理，同学因被她瞧不起而敬而远之。她没有知心朋友来交流思想，以期获得同伴的认可。所以她认为人与人之间无信任，都是虚伪的。她为了保护自己的荣誉和自尊，以自私、嫉妒的心理，盛气凌人的态度对待同学、家长、老师，唯我独尊，而她内心又渴望大家对她友善和关爱。这是优等生常出现的人际交往的心理问题。

【辅导方法】

1. 从家里做起：家里亲人是最能宽容自己的错误和不良态度的人了。要求家长配合，在与李某交谈时，切忌大声争吵。如果态度不平和，提醒她停止谈话，数 5—10 下后再说话，使她激动的情绪平静下来。扩展到与同学交谈时也如此。

2. 学会聆听：虚心倾听他人的谈话，这是对别人的极大尊重。即使有不同的观点，也不要立即反驳，让别人把话说完。再发表自己的观点，并且不必强迫他人接受、赞同自己的观点。这样可以改变自以为是的毛病。聆听，先从观众做起，就可以让你走近厨学。

3. 老师助一臂之力：

(1)认知辅导：让李某认识自己的所作所为的错误及危害性，翻然悔悟，痛改前非，并产生改正错误的欲望，积极主动地参与辅导并配合。

(2)化解矛盾：为她调整班干部工作，避开那些需要较多同学协助的班务工作，暂时减缓她与同学之间的紧张气氛。

(3)欣赏他人：让她每天发现本班一位同学的优点、长处，并记下来，改变她总以挑剔的眼光审视别人的习惯，慢慢消除她的嫉妒心理。每过 1—2 周后把她表扬过的同学叫到一起，让他们知道李某赞扬他们，从而使他们对李某有好感。

(4)学会协作：有目的地分配一些任务给李某与另两名同学，让她在工作、劳动中学会与人协作，改变她孤芳自赏、缺乏与人真诚相待的心态。

(5)重塑她的威信及形象：因为她本来学习成绩较好，老师给她分配"一帮一"学习互助同学，而该同学在班里属人缘挺好的学生。这样，李某因为与该生关系密切而融入他们的圈子。李某学习成绩好，威信倍增。乐于助人的新形象，使同学们接受她。渐渐地她也找到了知心朋友，不再孤独，终于有人喜欢她了。

【辅导效果】

通过老师、家长的密切配合，李某积极主动地参与，经过近一学期的辅导工作，李某与同学们相处和谐多了，朋友也多了，她的心情轻松愉快，对班集体更关心，经常与老师谈论自己的想法，并能虚心接受老师的合理建议。同学们都说："李某变文静多了，挺招人喜欢的。"

恐惧异性的女孩

【案例介绍】

李某是一所普通中学高中二年级的女孩，从外表看来，她是一个文文静静、性格内向的女孩子。但是，她对异性有着恐惧感。面对异性的时候，她总是手脚发抖、头上直冒冷汗，不敢看对方的眼睛，而且说话时会出现严重的口吃现象。因此，她总是避开人群。但是，在面对同性时，她却又是一个谈吐幽默风趣的女孩。

【案例分析】

李某有一个弟弟，她的父亲是一个普通工人，性格暴躁，在重男轻女思想的影响下，父亲偏爱弟弟，总是把弟弟的过错推到李某头上，对女儿经常打骂。久而久之，使得李某对父亲产生了恐惧感，而且不愿意认识异性，接近异性。即使在父亲过世后，她还是不能接近异性，接近人群。

李某的身材属于较胖型，她从小到大没有穿过裙子。在学校时，总是独来独往。有一次，班上男生私下议论李某的身材时，被李某听到。这加重了李某的自卑感，此后更是避开有异性的人群，连走路也是无意识地低着头。

【辅导方法】

1. 首先，培养李某的自信心。李某喜欢打羽毛球，让她参加学校的羽毛球队，每次打球，李某的表现都很出色。同时，挖掘李某的长处，让李某能正视自己，抛弃自卑感。

2. 让女同学陪着她，在人群外远远地观察，观察人群中的男性的举止。当远观人群不再有恐惧时，让女同学陪着她，到人群中去倾听他人的交谈，看他人的交往。不久之后，在女同学的陪伴下，她不再害怕人群了。

3. 让李某自己到人群中去与异性相处，少了同性的陪伴，李某虽然不再恐惧人群了，但还是不敢和人群中的异性交往。由女同学陪着，让李某与亲戚中的男孩子相处、交往。当李某敢和这些熟悉的男孩子交谈时，由女同学陪着，让她与亲戚中的长辈男性相处。过了一个多月，李某在这些场合不再需要女同学的陪伴了。

4. 让李某自己与本班的男同学交往。当李某不再害怕本班的男生时，让李某与本班的男教师相处、交谈，直到消除她对男教师的恐惧感为止。

5. 当李某对熟悉的男性不再存在恐惧感后，让她与女同学做伴，与陌生的男性交往。一开始由女同学主导发言慢慢过渡到由李某主导发言。

6. 让李某自己与陌生的男性交往。一开始，李某还是很紧张，以听为主。慢慢地，李某也敢发言了，甚至敢看着他人的眼睛说话了。

【辅导效果】

经过近五个月的辅导、治疗，李某不再恐惧异性，敢和异性交往了。而且开始穿起了裙子，参加集体组织的各项活动，走路时也敢昂首挺胸了。

她变得活泼开朗了

【案例介绍】

陆某，女，18 岁，某市某职业高中营销专业学生，初中时学习成绩较差，初中毕业后未能参加中考。她性格较内向，智商中等。父母亲均为个体工商户，照顾她的时间相对较少。她喜欢一个人待在家，害怕与同学交往，缺少友伴，不愿过集体生活，不喜欢体育活动。陆某属于矮胖型身材，加上学习成绩较差，有较强退缩不合群的心理，不愿主动与人交往，自卑感较重。

【辅导方法】

1. 个别谈话：我经常与她个别交谈，并采取信任互敬态度，耐心倾听她的陈述，一开始她由于畏怯，说话吞吞吐吐，不敢直言，我注意鼓励其消除顾虑，以全面了解她的内心世界，发现导致问题行为产生的心理原因。

2. 组织丰富多彩的集体活动：在活动开始之前，预先布置班干部邀请她参加适合她的节目，并且给她创造成功的机会。如在阅读“光辉历程五十年”一书的读书活动中，我校以班为单位，进行了一次文字的智力竞赛（开卷），我布置她负责为全班查找一张试卷的答案，她挑灯夜战一晚翻查资料，并认真填写，终于按时完成了任务。这样，让她参加集体活动，并且给她担任活动骨干的方法，既能给她带来自信和鼓舞，又能加强与同学的联系。

3. 与科任教师多了解情况：有目的地与科任教师了解她的学习情况，尽量找到学习进步的突破点。如通过了解，知道她对珠算较感兴趣，我就与珠算教师商讨帮助计划，让她与其他珠算较好的同学一起多次进行迎接各种比赛的强化训练，也给她参加校一级的技能竞赛的机会，以此为基础给予她丢掉学习成绩差的心理包袱。还有，针对她不爱参加体育活动的问题，我根据她的体型特点，要求体育教师注意辅导她投铅球的基本动作，并且在校运会时鼓励她报名参加铅球比赛，尽管，她只取得第八名的成绩，但我还是在班会上感谢她为本班争回可贵的一分。

4. 与本班团干部一起进行帮助活动：布置团干部们多主动与她接触，并且在学雷锋做好事时邀请她也参加活动，给予她积极要求进步的机会。

5. 在操行评语中给予鼓励：肯定她的进步，感谢她为本班被评为“校级文明班级”而作出的努力。让她感到自己是这个班不可缺少的、重要的一员，她拥有的是自豪，而不是自卑。

【辅导效果】

通过以上的辅导方法，陆某的自卑感有了明显减弱，而变得较活泼开朗，和同学们的关系有了很大的改善，集体活动也能积极参加，学习有了很大进步，尤其是珠算技能进步最快，在高中二年级最后一次珠算等级定级时，达到能手五级，获得全国珠算等级定级能手五级的证书。并且光荣地加入了中国共产主义青年团。现在，她白天实习，晚上参加成人高考补习班，为了争取高等教育的学习机会，正在努力。

二、自信辅导

他的自卑感减轻了

【案例介绍】

小彬，男，15岁，某中学八年级学生，成绩一般，智商中等。父母都在夜市里摆摊，故对小彬关心不够。他常迟到，听课效果差，不专心，或是乱画画，或是看漫画书，作业、练习缺交较多。家访得知，他常常晚上玩游戏机到深夜。但他也有优点，即他的闪光点：

(1)勤劳，不怕脏不怕累。

(2)有画画特长，并且得到家长的支持。

【案例分析】

经了解得知，小彬的性格特征为：情绪不够稳定，有点儿自卑感，常焦虑不安。对社会不太适应，看问题较主观，不大信任他人。精力较充沛，喜欢参加活动和与人交往，但容易产生过激行为。其非智力因素影响为：学习进取心一般，学习兴趣不够浓，学习自觉性不够稳定，主动性较差，听课效果差，作业、练习水平较低。教育环境则是父母对子女关心不够，受到社会上一些不良现象的影响。综上所述，小彬的要害是“自卑心理”。由于他的自卑心理，导致学习兴趣不够浓，进取心也一般，上课不专心，作业、练习也不做，不主动、不自觉学习，甚至产生了玩游戏机到深夜的过激行为。

【辅导方法】

1. 安排担任群众性工作，在接触群众中受教育，消除自卑和焦虑心理。安排他担任美术科代表，负责课前准备的检查记录及协助美术老师收美术作业及发动同学们制作美术作品参赛。在工作中使他觉得自己是有用的，是有能力的。

2. 发挥其个性特长，吸收他参加班上宣传小组，为墙报画画。鼓励他积极参加市里的美术比赛，为他创设条件，使他尝到成功的喜悦，有成就感。

3. 举行班级心理辅导课“我已经长大”，每人列出至少五个优点，然后再找出不足之处。增强自信，消除自卑。

4. 对他的一点一滴的进步，都及时表扬给予肯定。如勤劳(不怕脏不怕累)、成绩进步、作品获奖等等。

5. 个别谈心，进行心理疏导。分析问题行为产生的原因，共同商讨如何去克服它，解决它。

6. 写周记，老师阅后认真写评语，写自己的看法，同学生交心、谈心。

7. 与家长联系，取得步调一致：对小彬以鼓励为主，以表扬为主。

8. 期末采用“谈心式”评语，对其多作鼓励性的评价。

9. 组成“一帮一”对子，班上一名优秀生主动跟他结对子，互相帮助，共同进步。

【辅导效果】

由于家长、老师的配合以及同学们的帮助，小彬身上的自卑感减轻了。他现在不迟到了,晚上也不玩游戏机到深夜了。上课较用心听课,作业缺交较少。初二上学期被评为校进步学生,多幅美术作品参赛参展,参加班上墙报制作三次均获校级第一名。还积极参加体育运动,是班篮球队的主力队员。

相信自己是优秀的

【案例介绍】

王某,男,15岁,某中学八年级学生。初上中学时成绩一般,中等智商。性格较内向,轻度口吃,特别是上课回答问题情绪更紧张,面红耳赤,语无伦次,词不达意,几乎不敢在同学面前发表自己的想法,更不敢与同学争论问题。兴趣爱好:看书,特别是科技方面的。家境较差,父亲为下岗工人,母亲为临时工,均胆小内向,不敢大声说话,与世无争,对孩子的期望值不高。

【案例分析】

据家访了解,王某的父母因生活贫困,谋于生计,把王某寄养在外婆家。外婆为人胆小怕事,所以王某童年极少与小伙伴在外玩耍。加之家庭生活条件拮据,衣食不如同龄人,自身矮瘦,说话有轻度口吃,就更缺乏自信心,养成了退缩不合群的心理,不敢主动与人交往,更不敢在大庭广众之下说话。因王某不俏皮捣蛋,父母也管之甚少,交谈不多,只要王某在看书,父母顺其自然。父母与世无争,对王某的期望值不高,也使王某对自己信心不足。亲子关系平淡,不能促进王某的潜能发挥。

【辅导方法】

1. 家访:与家长交谈,并让王某旁听,三方共同商讨对策,使王某也能积极主动地参与进来,并尽最大努力配合。

2. 家长配合:(1)给王某买一本优秀作文选或精美散文集,买一个精美的日记本。(2)要求家长每发现孩子的一条优点就记在本子上,然后读给孩子听，使孩子深刻体会父母的关爱，以增强自信心，增强亲子关系。(3)每天对孩子真诚地说一句："我们相信你是优秀的。"

3. 系统脱敏法：(1)1—2周要求王某每天用10分钟左右的时间大声读一篇优美的文章。(2)3—4周，每天要求王某尽可能地连贯地大声读文章给父母听，并与父母交谈这篇文章(以王某为主)，营造一种温馨的家庭气氛。用充实的精神食粮填补物质的贫乏，使王某对家充满着希望，父母对孩子充满希望，激励王某上进，热爱生活，热爱家庭。(3)2—5个月要求王某对着窗户读给行人听，锻炼自己的胆量。(4)同时，在学校里，要求王某每天能举手回答一个问题，并向老师汇报当时的心理感受。(5)担当一门课代表，在交往中锻炼胆量。让他在收发作业中与老师、同学打交道，并让他把一些疑难问题收集起来，请教老师。因为他理科逻辑思维较强，特别是数学、物理，所以给他创造了一个与人讨论问题的机会。

4. 给予更多的关注和表扬：(1)因王某喜欢看书，特别是科技书，就帮他借一些自然类及心理健康类的书籍，使他充实自己，增强自信心。(2)把他的座位调到一些性格开朗、外向的同学旁边，使其"近朱者赤"，也被感化了。(3)在全班同学面前表扬他的一点一滴的进步，树立他在同学之间的威信，改变他总是默默无闻的处境。(4)经常对他说"不鸣则已，一鸣惊人"。

【辅导效果】

王某在老师的帮助及家长的鼓励下，由原来默默无闻的学生蜕变为引人注目的学生。他在集体的大家庭中感受到了师生的关爱，更感到自己也占了一份空间。他在大庭广众之下也敢为坚持自己的真理而与人辩论。充满自信使他的学习成绩遥遥领先。课堂提问复杂问题时，同学们都说："王某上！"王某更相信自己是优秀的。

三、情绪辅导

他能面对现实了

【案例介绍】

吴某，男，16岁，某普通高中高一年级学生。学习成绩偏低，爱好各项体育运动，特别喜欢打篮球，曾是学校篮球队的主力队员。由于训练时不慎伤到了腿，经广州三家医院确诊伤势涉及到韧带，因此建议他不要参加剧烈运动。这就意味着他必须离开自己非常喜爱的篮球运动。对此，他从心理上、行动上都不愿意接受，情绪相当低落，对学习也提不起兴趣，学习成绩直线下降。而且他常常说大话，在老师、同学们面前夸下海口，但每次事情都不能如他所愿，久而久之，同学们都不愿意跟他交往，他也越来越沉默。

【案例分析】

吴某父母离异已四年，现住在奶奶家，军人出身的父亲由于工作较忙很少来看他，而母亲又远在广州，因此缺乏父母的关怀。同时吴某对父亲的教育方式不理解，采取抵触态度，父子关系疏远。

吴某有一个愿望，希望能参加南宁市每年四月举行的篮球比赛，但由于腿伤，他肯定是不能参赛了，愿望与现实的落空，让他感到无法接受，因此靠幻想，靠夸海口、说大话来满足自己的要求，但却得不到别人的理解。

【辅导方法】

1. 个别会谈：教师常与吴某个别面谈，以全面了解其心理状况，让其意识到“健康的身体关系到自己的一辈子，按照医生的叮嘱，先治好腿伤；腿好了，还能打球，但腿断了，就永远不能打球了”。

2. 集体帮助：把吴某的事情告诉同学们，让大家都来关心和帮助吴某，使他感到班集体的温暖，同时班上的各种体育活动，都请他参与组织和筹备工作，使他找回自信心。最后，特别找来几位和他玩得较好的同学，请他们多加了解和关心吴某的行为和想法。

3. 与家长联系：通过家访、电话联系、家长到校面谈等多种方式，了解吴某家庭情况，并与家长沟通思想，希望吴父多与孩子沟通，增进彼此了解，加强孩子的信任，共同商讨解决办法。

4. 心理咨询：学校开设有心理咨询室。建议吴某到心理咨询室进行咨询，将自己的烦恼、苦闷向别人倾诉，并得到一些好的建议来改善目前的情况。

5. 兴趣转移及自我调适：了解到吴某对五子棋感兴趣，因此，我建议他参加学校组织的围棋培训班，他欣然参加。并且介绍其阅读有关自我调适的书籍，树立其热爱生活，勇于面对现实的信心。

【辅导效果】

由于教师、学生、家长的密切配合，吴某逐渐能面对腿伤不能打篮球这一现实，现在他能很好地配合医生进行治疗，学习成绩也提高了。

可爱的女孩又笑了

【案例介绍】

李某，女，17 岁，某校高二学生。学习成绩居中，喜爱写诗，乐于助人。高一下学期与班里一名男生交往甚密，但自高二上学期两人突然互不搭理，该男生与李某的一个亲密女伴来往频繁，李某开始远离他们，整日郁郁寡欢，上课时常走神、发呆。课余时间独处一角，不与人搭话，几次测验成绩均有退步。

【案例分析】

该女生原是一位活泼开朗的女孩，出现情绪低落的原因，是因为受到了两方面的挫折：

1. 交往性挫折。进入青春期后，随着生理上的日益发育成熟，男女同学都会产生对异性的好感和爱慕。李某与班里男生相互产生了好感，交往甚密，这是一种正常表现。但是由于自己同班好友的介入，李某一下子就产生了强烈的交往挫折感，认为男伴因别的女同学而疏远自己，觉得自己对异性的吸引力不如别人，自信心开始下降。

2. 自尊性挫折。李某有强烈地为班级服务的愿望，平时看到班上出现了不良现象总想出面制止，但考虑到自己不是班干部，怕别人说自己多管闲事，起不了作用，便想竞选班干部，但是却落选了。李某认为自己多方面表现很好，且有为同学服务的愿望，却不能得到大家的认可，自尊心受到了伤害。

【辅导方法】

1. 个别会谈：与李某进行朋友式的谈心，取得其信任，了解其心理状况、问题产生的原因，与她共同寻求解决的方法。

2. 转移注意力，发展其兴趣爱好：利用李某爱写诗的特点，帮助李某发展她的兴趣爱好，鼓励其向中学生刊物投稿，让她把一部分注意力转移过来。

3. 鼓励其寻回自信，向失败挑战：利用班干部换届选举之机，鼓励李某再次面对挑战，参加选举。选举前对李某做了全面分析，让其了解自己的优势和劣势，作好选举的充分准备，自信地面对选举。

4. 组织班级活动，进行男女交往方面的辅导：在班级举行青春期男女的交往问题的讨论，让同学们相互大胆说出自己的想法，同时进行指导。并利用此机会让李某主动找到原来的男同学和女友进行交流，解除误会。

【辅导效果】

李某在班干部选举中当选了，她现在整日忙碌于同学们之中；她的诗也在校报上发表了，她开始受到更多人的关注；同时她也恢复了和原女友及男生的友谊；在这种状态下，她的成绩逐渐进步了。不用说，李某很好地恢复了自己的自信心。现在笑容经常挂在她的脸上，可爱的女孩又笑了。

她摆脱了“绿眼妖魔”的桎梏

【案例介绍】

梁某，女，16岁，某中学高一学生，打篮球是主力，爱打扮，学习成绩差，但嫉妒心却很重。她的同桌张某，品学兼优，是个顶呱呱的好学生。每次张某考试得第一名时，梁某就在背后议论张某是事先知道了题目，不然就是碰巧的。梁某经常把张某的笔记本藏起来，让张某不能上好课。只要张某积极主动为班上做好事，梁某心里更不舒服，说张某是爱出风头，爱表现自己。班上如有同学穿着比她漂亮时，她便不高兴，暗中嫉妒，背后说别人的坏话。久而久之，梁某的嫉妒心越来越强，凡是别人有比她强的地方，她便心生怨恨，妒火中烧，不仅背后议论人，还恼得晚上失眠。为此，她感到异常痛苦。

【案例分析】

梁某的这种嫉妒心理是一种恶劣的感情。莎士比亚曾把这种恶劣的感情称为“绿眼妖魔”。谁做了它的俘虏，谁就要受到愚弄。产生嫉妒心理的梁某对别人比她好的地方总感到不满，进而贬低和诋毁，更为严重的是不择手段地去伤害同学。梁某为何有嫉妒之心？一是缺乏自知之明，只见自己所长，不见自己所短，自高自大，目中无人，老子天下第一，哪容得别人比自己强？二是好胜心太强，处处都想取胜，事事都想占上风，怎能服气别人超过自己？三是心胸狭窄，缺乏修养，“我行，你就别想行”，“我不行，你也别想行”，“你行，我偏叫你不行”。

【辅导方法】

1. 案例教育

古往今来，因嫉妒而害人的例子屡见不鲜：法国科幻小说家凡尔纳就因为遭到30名法国科学院院士的嫉妒，至死未能跨入科学院的大门；被评为大连市特等劳模的售货员董明当上了特等劳模之后，被嫉妒者指责为“风流劳模”“有意抬高身价”等等。

嫉妒之火能毁灭别人，也会断送自己。童话中嫉恨交加的后母想用毒苹果置白雪公主于死地，让她自己成为世界上最美的女人，结果，死的不是白雪公主，而是她自己；《三国演义》中的周瑜在“既生瑜，何生亮”的叹息中气绝身亡等等。

通过大量的实例来开导张某，让她认识到嫉妒的危害性。

2. 找出自己的闪光点

“金无足赤，人无完人”。梁某虽然学习成绩差，但她是篮球队的主力、得分能手，打篮球是她的优势，让她发挥这一优势，让她看到自己也有强于别人的地方，那么，梁某就能找到自己的心理位置，得到生活的乐趣。

3. 化嫉妒心理为竞争意识

每当梁某出现嫉妒他人的苗头时，开导梁某多问几个为什么：“我为什么这样想？”“这样想会产生什么后果？”……再启发她自我激励：“你行，我也行！”“你行，我比你更行！”经过长期耐心的引导，使她消极的嫉妒心理转化为积极的竞争意识，产生自爱、自强、自奋的精神。

4. 参加有益的活动

指导梁某参加一些有益的活动。如：读书活动，让梁某阅读有关书刊，加强自身修养；还可以参加班级和社会公益活动，培养自己成为一个胸怀宽广的人。

【辅导效果】

通过辅导，梁某的嫉妒心理大大消除了，她再也不犯“绿眼”病了。她能虚心向同学们请教，学习有了进步；能与同学友好相处；思想上能达到“见贤思齐，见不贤而内自省”的境界。

第七节　中学生的不良行为及其矫正

品德不良指个体行为上表现出经常违反道德准则或犯有较严重的道德过错，甚至可能有轻微的犯罪行为（亚犯罪水平）。中学生的不良行为按其发展阶段可分为过错行为和不良品德行为。中学生品德不良是品德心理研究的重要内容，分析其形成原因和转化条件，是中学教育实践中经常碰到和必须解决的问题。

一、过错行为与不良品德行为

学生的不良行为可以分为过错行为和不良品德行为两种。两者都是指行为不符合道德要求，只不过后果的严重性和行为的稳定性不同，如果将过错行为视为品德不良，就会将问题严重化，反之则有轻率之嫌。从而导致教育与管理措施的不当，失去对学生行为不良转化条件的把握和矫正良机。

（一）过错行为

过错行为是指中学生个体或群体违背道德规范而出现的问题行为。对学生个体而言，过错行为会给家庭和学校带来麻烦，经常性的过错行为，学生会在惯性的驱使下转化为品德不良，妨碍学生个体社会化的进程，成为心理健康和人格健全的隐患；群体性的学生过错行为，既会对学校校风班风建设带来损害，也会造成学校管理困难，增加管理成本。

过错行为具有盲目性、偶然性、情境性、情

绪性、易变性等特征。从过错行为的发展来看，如果学校存在大量的学生过错行为，会加剧校风班风的恶化，造成学生管理的混乱，若过错行为受到放任，则会转化为品德不良，甚至突破道德防线，走向犯罪道路。

（二）不良品德行为

学生不良品德行为是指学生个体或群体一贯地、严重地、有意识地违反道德规范、损害他人和集体利益的行为。

中学生品德不良的外在表现多种多样。从产生的原因来看，个体内部不良的需要与外部有利于不良需要满足的行为情境的结合，是形成中学生品德不良的重要因素；从品德不良的行为表现来看，经常性地表现出违反道德规范的行为，并对他人和集体造成了实质性的损害。

中学生品德不良主要表现在错误的道德认识、异常的道德情感、薄弱的道德意志以及不良的行为习惯等方面。不良品德行为的消极作用很大，对学校的教育教学工作会造成很大干扰。研究表明，近年来犯罪出现低龄化的趋势，心理和生理剧烈变化的中学生，正处在这样的危险年龄区域。因此，当前的品德教育必须加强对中学生不良品德行为的矫正。

二、中学生不良行为产生的原因分析

（一）中学生不良行为的客观原因

一般来讲，社会的道德风尚、学校教育的道德情境、家庭中存在的消极因素，对中学生不良行为的形成有重要影响。

1. 家庭道德教育中的消极因素

家庭是决定一个儿童是否成为品德不良者的重要因素，是青少年适应社会的基本媒介。家庭道德环境中的不良因素主要体现在：

（1）家庭的自然结构不完善或破坏。由于父母的离异或缺失而导致的家庭结构的不完善或破坏，使孩子在家庭生活中得不到正确的道德引导和关爱而产生不良行为。

(2)家庭冲突与不良的亲子关系。如果家庭的内部冲突无休无止，一波未平一波又起，家长就很难用教训和榜样教给孩子各种态度、价值观念、行为模式。因此，充满内部冲突和紧张气氛的家庭，很难有效地履行教育孩子适应社会的责任。从这种家庭出来的孩子，不能很好地适应社会，对接受良好的道德观念和遵纪守法的行为准则缺乏应有的精神准备。

家庭冲突降低了孩子对挫折的忍受能力，降低了他对自身冒险行动倾向的抵抗能力，增加了他接受犯罪道德观念的可能性。这种家庭干扰了孩子正常适应社会的过程，从而破坏了有利于孩子性格发展的环境。这些孩子长大后可能会脱离家庭。父母双方对立意见的冲突，父母“不要照我做的去做，照我说的去做”的教育方法，对孩子有潜移默化的作用。现在越来越多的孩子采用逃离家庭的方法对付家庭冲突的不良影响。这不能不引起我们的高度重视。

家长与孩子的良好关系是孩子适应社会过程的一个重要方面，是防止孩子走上品德不良道路的一种保护层。心理学家对孩子与家长的感情联系做了研究，他们发现，与家庭感情联系薄弱的孩子易受不良影响的侵蚀，从而发展成为品德不良。

(3)家庭教育功能的弱化。归纳起来说，家庭教育在下述几方面对青少年品德不良有影响：生活环境选择不好；不重视孩子的同伴交往；没有使孩子做好在学校要做个好学生的充分的精神准备；没有鼓励孩子参加正当的娱乐团体或其他感兴趣的组织等等。

家长对孩子的纪律要求对青少年品德不良也有影响。可以把家长的管教方法分成以下三种：恰当型管教——管教一贯严格，但也不过分严厉，不至于引起孩子的恐惧和对立；一般管教——管教不稳定，时紧时松；不恰当型管教——管教或者过分严厉，引起孩子的反抗，或者放任自流，使孩子的行动毫无约束。只有坚持对孩子进行一贯严格的管教才能充分影响孩子的性格。只有将某一情况以及对付这一情况的恰当方法多次反复，才能在孩子头脑里形成行为概念，才能使孩子具有识别适当与不适当行为的能力。

(4)家长的不良榜样作用。孩子以父母的不良榜样作楷模是青少年品德不良的重要因素。有些家长性格粗暴，心理不健康，一些孩子成了家长遭受挫折后的发泄对象。孩子的主要作用是让家长对他发泄怨恨后在精神上得到解放，使家长能维持家庭的活动，而不至于发生家长之间的直接对立。以替罪羊的角色陶冶出来的孩子是家庭发泄怨恨的中心，他以替人受过者的身份稳定了家庭这一社会结构，成了家庭中不可缺少的成员。孩子没有复仇的能力，只能默默忍受。他们有时也企图反抗，但往往因此受到更严厉的惩罚。

2. 社会环境中消极因素的不良影响

市场经济蓬勃发展，极大地丰富了人们的物质生话，但同时拜金主义、极端个人主义、享乐主义也随之而来，都对青少年产生相当大的负面影响。它刺激了一些青少年的金钱欲望、享乐欲望，致使他们文化消费错位，心理发育“成人”化，盲目追求奢靡腐朽的生活方式。

有的青少年热衷于到营业性歌舞娱乐场所、电子游戏厅、台球室、黑电脑网吧去追求享受、刺激，互相攀比现象突出。一些青少年甚至吸食毒品，沉醉于其精神致幻作用而不能自拔。由于青少年吸毒大多没有正当经济来源，骗完父母的钱便到社会上去偷去抢，这成为近来导致青少年犯罪的主要原因。

3. 学校道德教育中的不良因素

当前，学校、家庭、社会三者对中学生品德教育的脱节，缺乏沟通，配合不紧密。学校没有利用好家长这一重要的教育资源，家庭成为学校学业教育的延续，是导致中学生品德不良的原因之一。学校教育中重智育、轻德育的现象，也给青少年品德不良起了“推动”作用。

(1)学校教育中存在的错误教育观、师生观和学生观。有的教师重教书轻育人，升学教育替代了德育，漠视中学生德育目标的达成，这也是影响中学生品德的重要因素。有些教师对学生要求过高、过急、过严，忽视学生的年龄特点和个性差异，忽视学生的心理需要，忽视对学生学习方法的辅导，没有科学的教育观、师生观和学生观。学生在学校教育中缺乏成功体验，容易厌学并导致流失。

(2)学生缺少表达需要和情感的机会。目前，我国学校有关学生的管理处罚规定都是由学校领导和教师制定的，没有学生方面的代表，对犯错误的学生处理或处分时，学生也没有辩解的机会，往往使许多学生觉得没有得到公正的对待，甚至被冤枉。这样的学生走上社会后也很难公正地对待社会、对待他人。

(3)教师道德修养中的不良因素。有些教师缺乏良好的师德，或者性格不良，心理不健康，态度粗暴，动辄训斥、变相体罚或体罚学生。

(二)中学生不良行为形成的心理原因

中学生不良行为是由青少年时期生理、心理发展及社会化过程中的各种矛盾引起的。从年龄、生理发育和心理发展方面来看，青少年时期是从儿童向成人过渡的时期，处在这个年龄阶段的青少年生理上发生了急剧而显著的变化。而其心理水平的提高相对缓慢，缺乏合理调节和支配自己活动的能力，在认识与情感、认识与行为、情感与意志行为、独立性意向与认识能力之间以及自我意识内部各成分之间存在着矛盾。

青少年对事物的辨别能力较差，容易受情感、情绪的支配而不能理智地思考，不能用意志加以控制；独立性意向迅速增强，但思想具有表面性和片面性，不能正确、全面地认识进入社会生活后遇到的各种问题；自我意识内部产生矛盾，对自己的现状（现实的自我）与理想之间的差别产生苦恼和不安。从社会化过程中的心理发展与客观现实之间的关系来看，青少年由于心理发展水平的限制，对迅速增长的个人需求与满足这些需求的现实可能性之间的矛盾不能恰当地加以处理，不能根据客观现实调整自己的需要，因而也有可能以非法手段满足自己的需要。

由此可见，青少年时期生理发育与心理发展之间的矛盾、心理活动本身各部分之间的矛盾以及心理发展与客观现实之间的矛盾的产生及其相互作用，导致了青少年不健康的需要、错误的道德观念、消极的道德情感体验、道德意志薄弱、不良的行为习惯等，是青少年产生不良行为的重要原因。除此以外，还要注意以下心理因素的影响：

1. 从众心理的影响

不良心理会在不良行为青少年中互相感染。哥们儿义气就是用以笼络感情，共同实施不良品德行为的精神纽带和支柱。臭味相投，交叉感染，诱发不良品德行为动机。青少年之间的“义气”十分害人，这是他们聚合的心理基础。

2. 不良的性格特征的影响

如过分压抑，其特点是爱独处、孤僻、害羞、冷漠、忧虑、敏感和顺从。过分压抑的青少年往往自惭形秽，自暴自弃。

3. 反社会倾向

其特点是有不可压制的狂暴行为倾向，残酷、无视权威、蓄意破坏和不恰当的犯罪感。这类青少年的道德感严重衰退，缺乏抑制能力，对挫折的忍受能力差。这一类型青少年的行为是冲动性的，不明白自己的所作所为对他人有何影响。需要外界照顾，把他人看成这种照顾的给予者或拒绝者。他们不能解释、不能理解、也不能预计他人的行为和反应。

三、矫正过错行为的心理学策略

品德的转化是一个由浅入深的过程，即从对某种道德价值观念的轻微接受的态度转变开始，使不良行为学生逐步将道德价值观念内化，以形成较为稳定的品德。

（一）抓住教育时机，引起内心震动

不良行为学生的转化中，一般的说服与批评教育见效不大，教师要抓住能够引起他们内心冲突和情感震撼的事件，触动灵魂，使其受到舆论和良心的谴责，认识自己行为的危害性，使其醒悟。

（二）讲究谈话艺术，提高道德认识

教师要努力矫正不良行为学生模糊和错误的是非观念，在这个过程中，教师的谈话艺术很重要，要注意谈话内容的可接受性，谈话方式能够增加学生对教师的信任，切忌空洞说教、强制灌输。

（三）利用同辈教育，发挥集体力量

同学之间的人际关系、道德价值取向以及道德行为的相互作用，对是否获得正确的道德观念和情感体验起着重要的作用。教师要注意改善不良行为学生的人际关系，创设良好情景，消除情绪障碍。同时还要注意保护其自尊心，培养集体荣誉感。这些对学生不良行为的转换有重要作用。

（四）正确运用奖惩，提高强化效果

教育者要认真研究强化理论，正确应用奖惩，讲究批评与表扬艺术，提高强化在不良行为转化中的效果。

（五）发挥身教和言传的作用

1. 通过实践形成道德行为习惯

不良品德的转化，是通过行动来实现的，通过实践或者强化合乎要求的行为可以加强或者改变组成品德的特殊习惯。

通常的办法是模仿榜样后的实践。研究表明，抗诱惑的能力与榜样的影响有一定的关系，即在实践中提供榜样强化，通过观察来获得道德行为习惯。

2. 言语指导

教育者应该提供一些情境，通过言语指导，使不良行为者获得道德实践能力。言语指导有两种基本形式：课堂讨论和角色扮演。

教师可以通过在课堂中和学生一起讨论道德困境问题来提高道德判断能力，还可以通过让学生扮演道德困境中的各种角色来了解他人和自己的价值观，提高对是非的判断能力。

四、中学生不良行为的矫正方法

（一）环境调整法

这是一种强化暂停的方法，让不良行为者暂时与特定的强化环境相隔离，从而抑制不良行为的发生或降低其发生频率。

（二）活动矫正法

培养不良行为学生健康的需要，如交往和尊重需要，可以积极引导他们参与集体活动，通过参与活动来消除不良品德，巩固新的道德行为。

（三）行为强化法

运用行为主义的行为强化的方法和技巧，使不良行为者形成道德行为习惯，强化中要注意安排强化的强度、时间、强化的类型（正强化和负强化）等。

（四）榜样引导法

中学生模仿能力强，向不良行为者提供各种道德范例和榜样，是一种重要的矫正方法。但要注意榜样人物对学生的亲切性、可学性和感染性，增强学生对榜样的理解性、认同性和效法性。

（五）防范协议法

教育者与不良行为学生以书面形式建立实施和监督关系的一种矫正方法。协议应该就不良品德者的具体情况和相应的教育要求来制定，以此提高行为者的积极性、自主性和自控力。

第八节 中学生心理教育完全宝典

孩子有了心理问题该怎么办？不少家长希望能从专家那里得到帮助和解决办法，最好就像看病吃药那样，医生明确诊断，然后药到病除。然而，结果却往往是事与愿违，所以，咨询门诊常常见到许多父母满怀信心而来，却是失望而归。事实上无论是谁，解决孩子的心理问题都是一个需要花时间和精力的事情，这里没有灵丹妙药，但却有许多心理教育的原则和技巧。

招数一：身教重于言传

学招对象：那些宽松对待自己，严格对待子女的父母

教育对象：需要建立习惯的孩子

招数：咨询的时候常常会碰到一些父母诉说"子女如何不爱学习"或者"如何没有好的习惯"，然而在和家长探讨这些问题的成因时，却经常发现这些孩子的父母往往自己就没有好的习惯。特别是有些焦虑倾向孩子的父母本身就有焦虑的倾向，所以说，教育子女不等于光用嘴巴教育，或者光是严厉对待，而是"身教重于言传"。试想如果父母整天在打麻将、玩耍，而告诉子女学习的重要性，要求孩子认真学习。作为子女，怎么可能把这两点结合在一起呢？

招数二："斥责"要有的放矢

学招对象：那些经常批评孩子的父母

教育对象：屡教不改的孩子

招数：斥责是我们家长在教育孩子时最常用的一种方法。然而，批评要达到效果，很重要的原则是弄明白孩子为什么有这个问题和批评具体要解决什么问题。自己看不惯的就批评，甚至数罪并罚。常常会让孩

子挨了批评还不知道为什么。为此，在批评孩子前一定要有的放矢。

一次，在咨询时，一位母亲为了女儿撒谎而着急。自己平常很注意教育孩子，可她小小年纪就开始骗父母，真把母亲气坏了。为此，母亲狠狠地批评女儿，并且严厉指出今后不得撒谎，可严厉的批评并没有真正解决问题。究竟为什么自己的教育失败了，母亲百思不得其解。其实，通过咨询我们发现，女孩撒谎的起因是考试没有考好，没有达到妈妈的要求，为了逃避妈妈的"严厉"批评，不得已才撒谎。由此可见，批评作为一种教育方式不可非议，但是如果不得要领，则反而会成为问题的"根源"。

招数三：重结果更重过程

学招对象：对子女期望颇高的父母

教育对象：缺乏自信的孩子

招数：咨询中，一类家长最常咨询的问题是"自己的孩子学习压力大，考试太紧张怎么办""自己的孩子没有自信心怎么办"，在寻找这类问题的根源时，我们多半会发现这些父母往往对子女期望很高，平常比子女还看重结果。他们不关心孩子学习方法是否科学，学习是否有效率，或者是否适合孩子，而是只关心结果。有的甚至在孩子取得了好成绩时，还不断地提醒孩子还有不足，这个错误不该犯，那个错误不应该。结果，让孩子对自己没了信心，甚至把父母的期望内化成自己的学习动力，在面对考试时，更多的不是去想如何提高复习效率，而是担心不能实现父母的期望，不能有好的出息，结果可想而知。为此，那些对子女期望颇高的父母，请多关心一下孩子的学习能力，而不是学习结果！

招数四：保持一致，始终如一

学招对象：三天打鱼两天晒网的家长

教育对象：教育效果不理想的孩子

招数：找到了孩子的问题，也明白应该怎么教育，但教育效果不理想，究其原因时，我们不难发现家长存在教育上“三天打鱼两天晒网”的情况。具体而言，就是家长精神状态好的时候，能够注意到孩子的问题；自己工作吃力了，或者情绪不好时，就懒得理孩子了。这种状况常常使孩子感觉到教育只是满足大人的需要。此外，目前许多孩子教育中还受到祖辈的影响，父母与上辈的教育观点不一致，常让孩子有机可乘，最终影响到教育效果。

招数五：分解目标，逐步实施

学招对象：教育孩子效果不理想的父母

教育对象：不知所措的孩子

招数：无论是培养习惯、改正缺点，还是实现目标，都必须是可以操作的。所谓“操作”的含义就是孩子知道第一步该干什么，第二步该干什么。如果对孩子的要求只是一个理论上成立的计划，那么就无法指望孩子能够如你所愿。

比如，对于一个试图减少玩电脑的孩子，在让他明白不能过多地沉迷于电脑的时候，不能只是让他“戒”了电脑，而应当先提出一个可以实现的目标。第一步，首先要学会和孩子沟通，使得孩子愿意和家长一起配合来控制电脑的使用。要容忍孩子反复。我们可以想象大人尚且很难改变一些习惯，如“戒烟”“戒酒”，又怎么能要求孩子一定要说到做到呢？第二步，则是要注意帮助他们控制玩的时间，要教会孩子合理安排时间，对玩的时间，事先要和孩子有个合理的约定，并督促孩子严格执行。对于不遵守约定的行为，要按事先约定的给予处罚，如减少玩的次数，或减少玩的时间。第三步，则是通过和学校的老师配合，多安排孩子参加文娱活动，来改善人际关系。教育孩子要循序渐进，不能不讲方法。

第九节　与教育有关的著名心理学效应

心理规律一：罗森塔尔效应

美国著名的心理学家罗森塔尔曾做过这样一个试验：他把一群小白鼠随机地分成两组：A组和B组，并且告诉A组的饲养员说，这一组的老鼠非常聪明；同时又告诉B组的饲养员说他这一组的老鼠智力一般。几个月后，教授对这两组的老鼠进行穿越迷宫的测试，发现A组的老鼠竟然真的比B组的老鼠聪明，它们能够先走出迷宫并找到食物。

于是罗森塔尔教授得到了启发，他想：这种效应能不能也发生在人的身上呢？他来到了一所普通中学，在一个班里随便地走了一趟，然后就在学生名单上圈了几个名字，告诉他们的老师说，这几个学生智商很高，很聪明。过了一段时间，教授又来到这所中学，奇迹又发生了，那几个被他选出的学生现在真的成为了班上的佼佼者。

为什么会出现这种现象呢？正是"暗示"这一神奇的魔力在发挥作用。

每个人在生活中都会接受这样或那样的心理暗示，这些暗示有的是积极的，有的是消极的。妈妈是孩子最爱、最信任和最依赖的人，同时也是施加心理暗示的人。如果是长期的消极和不良的心理暗示，就会使孩子的情绪受到影响，严重的甚至会影响其心理健康。相反，如果妈妈对孩子寄予厚望、积极肯定，通过期待的眼神、赞许的笑容、激励的语言来滋润孩子的心田，使孩子更加自尊、自爱、自信、自强，那么，你的期望有多高，孩子未来的成果就会有多大！

心理规律二：超限效应

美国著名作家马克·吐温有一次在教堂听牧师演讲。最初，他觉得牧师讲得很好，使人感动，准备捐款。过了10分钟，牧师还没有讲完，他有些不耐烦了，决定只捐一些零钱。又过了10分钟，牧师还没有讲完，于是他决定1分钱也不捐。等到牧师终于结束了冗长的演讲开始募捐时，马克·吐温由于气愤，不仅未捐钱，还从盘子里偷了两元钱。

这种刺激过多过强和作用时间过久而引起心理极不耐烦或反抗的心理现象，被称之为“超限效应”。

超限效应在家庭教育中时常发生。如，当孩子犯错时，父母会一次、两次、三次，甚至四次、五次重复对一件事作同样的批评，使孩子从内疚不安到不耐烦乃至反感讨厌。被“逼急”了，就会出现“我偏要这样”的反抗心理和行为。

可见，妈妈对孩子的批评不能超过限度，应对孩子“犯一次错，只批评一次”。如果非要再次批评，那也不应简单地重复，要换个角度，换种说法。这样，孩子才不会觉得同样的错误被“揪住不放”，厌烦心理、逆反心理也会随之减低。

心理规律三：鲶鱼效应

从前，挪威人在海上捕得沙丁鱼后，如果能让它们活着抵港，卖价就会比死鱼高好几倍，但只有一条渔船能做到带活鱼回港。后来，人们发现这条船的鱼槽内不过是多了一条鲶鱼而已。原来当鲶鱼装入鱼槽后，由于环境陌生，就会四处游动，而沙丁鱼发现这一“异类”后，也会因紧张而加速游动。如此一来，沙丁鱼便延长了寿命。这就是“鲶鱼效应”。

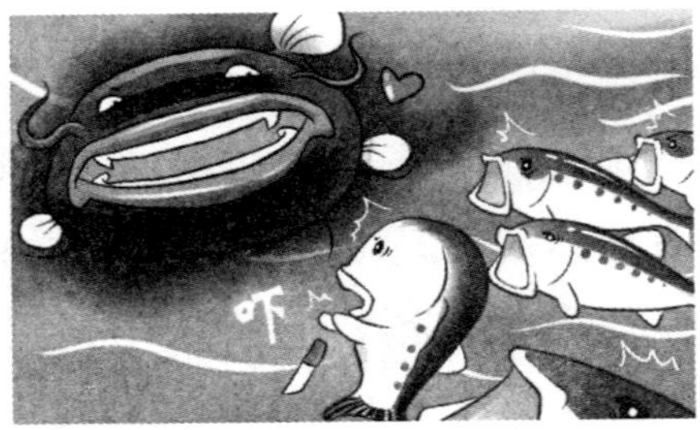

运用鲶鱼效应，通过个体的“中途介入”，对群体起到竞争作用，它符合人才管理的运行机制。目前，一些机关单位实行的公开招考和竞争上岗，就是很好的典型。这种方法能够使人产生危机感从而更好地工作。这一原理在教育上也有很好的应用。比如班级中新转入非常优秀的个体时，经常可以激发班级一部分同学甚至是全体同学的学习动力，我们也可以在班级管理中引进一些竞争机制，制造一些鲶鱼效应，激活班级管理的平稳状态，促进班级快速发展。

心理规律四：角色效应

在社会生活中，每个人都扮演着各种角色，而且会通过对角色规范的理解，力求使自己的行为合乎角色的规范，这就是“角色效应”。

人的角色的形成是建立在社会、他人和自己对角色的期待上的。由于很多班主任普遍存在着对学生社会角色期望的偏差，比如好学生的标准就是学习好，而学习好的标准就是成绩好，这对学生的成长和角色发展都带来了很多消极的影响。学生也经常出现角色概念的偏差，一些学生常以我的爸爸是经理、我的爷爷是高干等为炫耀，把自己与长辈的角色等同起来，颠倒了角色概念的关系，致使这类学生养成狂妄自大、目中无人的畸形心态。

在班级管理中，班主任要根据学生的实际合理地确定学生的角色，通过采取角色扮演、角色创造等形式实现学生的角色行为。班主任还要善于利用角色效应的积极作用，用适当的角色来改变某些学生的心理和行为。如有的学生纪律性较差，不太好管理，对此就可以让他负一点责任，当个小组长或某种临时负责人什么的，有了这样一个“头衔”以后，他就会在心理上把自己列入学生干部的行列，就会觉得自己某方面的能力得到了班主任老师的承认和肯定，就应该好好表现自己在这方面的能力，而不应该带头违反纪律给老师添麻烦。干部轮换制、值周班级管理、课本剧表演等都是角色效应的应用。

心理规律五：异性效应

异性效应是指异性同学之间相互吸引、相互促进的一种心理效应，其表现是两性共同参加的活动，较之只有同性参加的活动，参加者一般会感到更愉快，干得也更起劲，更出色。异性效应是一种普遍存在的心理现象，也是一种正常的、健康的、积极的心理效应。这种效应在青少年中表现尤为明显。“男女搭配，干活不累”是异性效应最通俗的说法。

异性效应产生的原因是，当有异性参加活动时，异性间心理接近的需要得到了满足，因而会使人获得程度不同的愉悦感，并激发起内在的积极性和创造力。男性和女性一起做事、处理问题都会显得比较顺利。

在学校生活过程中，我们也会发现，同学们为了使异性产生好感，总希望自己在异性面前表现好一点，希望给异性留下一个深刻的印象；当与异性在一起时，会更注意自己的言行举止，因而出现女孩的好打扮，男孩在女孩面前的“英雄行为”。在运动会的体育比赛中，来自异性的加油声会给人带来更大的鼓舞和力量。因此，异性交往和相处会使人变得更积极，更高尚。

在班主任工作中，要多组织一些集体活动，让男女同学更多地在集体活动中接触、认识、感应，促进异性同学之间正常情感的释放和建立；在组织各项活动时都要坚持男女搭配的原则，切不可担心出现异性交往问题而故意把男同学或女同学分成一组，那样的效果会适得其反。

心理规律六：德西效应

心理学家德西曾讲述了这样一个寓言：有一群孩子在一位老人家门前嬉闹，叫声连天。几天过去，老人难以忍受。于是，他出来给了每个孩子10美分，对他们说："你们让这儿变得很热闹，我觉得自己年轻了不少，这点钱表示谢意。"孩子们很高兴，第二天仍然来了，一如既往地嬉闹。老人再出来，给了每个孩子5美分。5美分也还可以吧，孩子仍然兴高采烈地走了。第三天，老人只给了每个孩子2美分，孩子们勃然大怒，"一天才2美分，知不知道我们多辛苦！"他们向老人发誓，他们再也不会为他玩了！

在这个寓言中，老人的方法很简单，他将孩子们的内部动机"为自己快乐而玩"变成了外部动机"为得到美分而玩"，而他操纵着美分这个外部因素，所以也操纵了孩子们的行为。

德西效应在生活中时有显现。比如，父母经常会对孩子说："如果你这次考得100分，就奖励你100块钱""要是你能考进前5名，就奖励你一个新玩具"等等。家长们也许没有想到，正是这种不当的奖励机制，将孩子的学习兴趣一点点地消减了。

在学习方面，家长应引导孩子树立远大的理想，增进孩子对学习的情感和兴趣，增加孩子对学习本身的动机，帮助孩子收获学习的乐趣。家长的奖励可以是对学习有帮助的一些东西，如书本、学习器具，而一些与学习无关的奖励，则最好不要。

心理规律七：南风效应

“南风效应”，也称“温暖效应”，源于法国作家拉·封丹写过的一则寓言：北风和南风比威力，看谁能把行人身上的大衣脱掉。北风首先来了一个冷风凛凛，寒冷刺骨，结果行人为了抵御北风的侵袭，便把大衣裹得紧紧的。南风则徐徐吹动，顿时风和日丽，行人觉得春暖上身，始而解开纽扣，继而脱掉大衣，南风获得了胜利。

故事中南风之所以能达到目的，就是因为它顺应了人的内在需要。这种因启发自我反省，满足自我需要而产生的心理反应，就是“南风效应”。

由此我们可以知道，家庭教育中采用“棍棒”“恐吓”之类“北风”式教育方法是不可取的。实行温情教育，多点“人情味”式的表扬，培养孩子自觉向上的积极心理，才能达到事半功倍的效果。

心理规律八：木桶效应

“木桶效应”的意思是：一只沿口不齐的木桶，它盛水的多少，不在于木桶上那块最长的木板，而在于木桶上那块最短的木板。

一个孩子学习的学科综合成绩好比一个大木桶，每一门学科成绩都是组成这个大木桶的不可缺少的一块木板。孩子良好学习成绩的稳定形成不能靠某几门学科成绩的突出，而是应该取决于它的整体状况，特别取决于它的某些薄弱环节。因此当发现孩子的某些科目存在不足时，就应及时提醒孩子，让其在这门学科上多花费一些时间，做到“取长补短”。

心理规律九：霍桑效应

美国芝加哥郊外的霍桑工厂是一个制造电话交换机的工厂，有较完善的娱乐设施、医疗制度和养老金制度等，但工人们仍然愤愤不平，生产状况很不理想。后来，心理学专家专门对其进行了一项试验，即用两年时间，专家找工人个别谈话两万余人次，规定在谈话过程中，要耐心倾听工人对厂方的各种意见和不满。

这一谈话试验收到了意想不到的结果：霍桑工厂的产值大幅度提高。

孩子在学习、成长的过程中难免有困惑或者不满，但又不能充分地表达出来。作为母亲，要尽量挤出时间与孩子谈心，并且在谈的过程中，要耐心地引导孩子尽情地说，说出自己生活、学习中的困惑，说出自己对家长、学校、老师、同学等的不满。

孩子在“说”过之后，会有一种发泄式的满足，他们会感到轻松、舒畅。如此，他们在学习中就会更加努力，生活中就会更加自信！

心理规律十：增减效应

人际交往中的“增减效应”是指：任何人都希望对方对自己的喜欢能“不断增加”而不是“不断减少”。比如，许多销售员就是抓住了人们的这种心理，在称货给顾客时总是先抓一小堆放在秤盘里再一点点地添入，而不是先抓一大堆放在秤盘里再一点点地拿出。

我们在评价孩子的时候难免将他的缺点和优点都要诉说一番，并常常采用“先褒后贬”的方法。其实，这是一种很不理想的评价方法。在评价孩子的时候，我们不妨运用“增减效应”，比如先说孩子一些无伤尊严的小毛病，然后再恰如其分地给予赞扬。

心理规律十一：蝴蝶效应

据研究，南半球一只蝴蝶偶尔扇动翅膀所带起来的微弱气流，由于其他各种因素的掺和，几星期后，竟会变成席卷美国得克萨斯州的一场龙卷风！这种现象被称为“蝴蝶效应”，并作出了理论表述：一个极微小的起因，经过一定的时间及其他因素的参与作用，可以发展成极为巨大和复杂的影响力。

“蝴蝶效应”告诉我们，教育孩子无小事。一句话的表述、一件事的处理，正确和恰当的，可能影响孩子一生；错误和武断的，则可能贻误孩子一生。

心理规律十二：贴标签效应

在第二次世界大战期间，美国由于兵力不足，而战争又的确需要一批军人，于是，美国政府就决定组织关在监狱里的犯人上前线战斗。为此，美国政府特派了几个心理学专家对犯人进行战前的训练和动员，并随他们一起到前线作战。

训练期间心理学专家们对他们并不过多地进行说教，而特别强调犯人们每周给自己最亲的人写一封信。信的内容由心理学家统一拟订，叙述的是犯人在狱中的表现是如何地好、如何改过自新等。专家们要求犯人们认真抄写后寄给自己最亲爱的人。三个月后，犯人们开赴前线，专家们要求犯人们在给亲人的信中写自己是如何地服从指挥、如何地勇敢等。结果，这批犯人在战场上的表现比起正规军来毫不

逊色，他们在战斗中正如他们信中所说的那样服从指挥、那样勇敢拼搏。后来，心理学家就把这一现象称为“贴标签效应”，心理学上也叫“暗示效应”。

这一心理规律在家庭教育中有着极其重要的作用。例如，如果我们老是对着孩子吼“笨蛋”“猪头”“怎么这么笨”“连这么简单的题目都不会做”等，时间长了，孩子可能就会真的成为了我们所说的“笨蛋”。

所以，妈妈必须戒除嘲笑羞辱、责怪抱怨、威胁恐吓等语言，多用激励性语言，对孩子多贴正向的标签。

心理规律十三：登门槛效应

日常生活中常有这样一种现象：在你请求别人帮助时，如果一开始就提出较高的要求，很容易遭到拒绝；而如果你先提出较小的要求，别人

同意后再增加要求的分量，则更容易达到目标，这种现象被心理学家称为“登门槛效应”。

在家庭教育中，我们也可以运用“登门槛效应”。例如，先对孩子提出较低的要求，待他们按照要求做了，予以肯定、表扬乃至奖励，然后逐渐提高要求，从而使孩子乐于无休止地积极奋发向上。

附录：适合中学生的心理测试

(一)你抑郁程度为几何

1. 你对任何事物都不感兴趣。
2. 你容易哭泣。
3. 你觉得自己是个失败者，一事无成。
4. 你常常生气而且容易激动。
5. 你不想吃东西，没有食欲，感觉不出任何味道。
6. 即使有家人和朋友帮助你，你仍然无法摆脱心中的苦恼。
7. 你感到精力不能集中。
8. 即使对亲近的人你也懒得管理。
9. 你常无缘无故地感到疲乏。
10. 你觉得无法继续你的日常学习与工作。
11. 你常因一些小事而烦恼。
12. 你感到自己的精力下降，动作缓慢。
13. 你感到被骗，中了圈套或有人想抓住你。
14. 你感到做任何事情都很困难。
15. 你感到情绪低沉、压抑。
16. 你感到活着没意思。
17. 你感到很孤独。
18. 你感到前途没有希望。
19. 你常感到害怕。

20. 缺乏自信，总觉得自己什么都不好。

21. 你觉得自己的话语越来越少。

22. 在清晨和上午常觉得心情极差。

23. 没有心思看电视、报纸、课外读物，干什么都高兴不起来。

24. 你经常责怪自己。

25. 你感到很苦闷。

26. 你晚上睡眠不好，常常失眠或很早就醒来。

27. 这段时间你一直处于愤怒和不满状态。

28. 你觉得人们对你不太友好。

29. 你认为如果没有你别人会生活得好一些。

30. 你感到自己没有什么价值。

回答“是”得 1 分，回答“否”得。分，然后计算总分。

答案：

0—4 分：你心理基本正常，没有抑郁症状。

5—10 分：你有轻微的抑郁症状，可采取自我心理调节，保持乐观开朗的心境。

11—20 分：你属于中度的抑郁，要找医生咨询，并进行必要的诊疗。

21—30 分：你精神明显抑郁，症状非常严重，你应该请医生给你治疗，同时应进行精神上的自我训练，让自己及早从消极、压抑的情绪中解脱出来。

(二)焦虑症倾向

“没有或很少时间”为 1 分；“小部分时间”为 2 分；“相当多时间”为 3 分；“绝大部分或全部时间”为 4 分。

1. 觉得比平常容易紧张和着急。

2. 无缘无故地感到害怕。

3. 容易心里烦乱或觉得惊恐。

4. 觉得可能要发疯。

5. 觉得一切都很好，也不会发生什么不幸。

6. 手脚发抖打战。

7. 因为头痛、头颈痛和背痛而苦恼。

8. 感觉容易衰弱和疲乏。

9. 觉得心平气和，并且容易安静地坐着。

10. 心跳得很快。

11. 因为一阵阵头晕而苦恼。

12. 有晕倒发作，或觉得要晕倒似的。

13. 吸气呼气都感到很容易。

14. 手脚麻木和刺痛。

15. 因为胃痛和消化不良而苦恼。

16. 常常要小便。

17. 手常常是干燥温暖的。

18. 脸红发热。

19. 容易入睡并且睡得很好。

20. 做噩梦。

答案：

将各项得分相加得出粗分，粗分乘以 1.25，四舍五入取整数即得到标准分。焦虑评定的分界值为 50 分，分数越高，焦虑倾向越明显。

（三）强迫症倾向

“没有”为。分；“很轻”为 1 分；“中等”为 2 分；“偏重”为 3 分；“严重”为 4 分。

1. 头脑中有不必要的想法或字句盘旋。

2. 忘性大。

3. 担心自己的衣饰不整齐及仪态不端正。

4. 感到难以完成任务。

5. 做事必须做得很慢以保证做得正确。

6. 做事必须反复检查。

7. 难以做出决定。

8. 反复想些无意义的事。

9. 注意力不能集中。

10. 必须反复洗手,点数。

11. 反复做毫无意义的一个动作。

12. 常怀疑被污染。

13. 总担心亲人,做无意义的联想。

14. 出现不可控制的对立思维、观念。

答案:

将各项得分相加,总分超过 20 分者应考虑有强迫症的可能。

(四)你适合哪种减压方式

学习压力无形大,找对减压方式,心理健康又舒适,可是哪一种减压方式适合于你呢?

测试开始,你接受朋友的邀请,一起乘船出海去玩。当天的天空非常晴朗、天气很好,你的心情也很愉快。你们在海上钓了一会儿鱼之后,就决定先暂时休息一下。于是你们便把锚抛下,在海上预定停留两个小时左右。这时候,你觉得你会选择在哪里休息呢?

A. 到船的最上层去　　B. 到船头的甲板上去

C. 到船舱里面去

答案:

A:希望在高的场所休息的你,就表示你很在意在别人面前的表现。为了满足自己的欲望、消除自己的压力,就算是只感到稍微的心情不好,你可以去吃吃自己喜欢的食物或是逛逛街买买东西等,都可能转变你的心情。让心情好起来,你的学习就会进行得非常顺畅。

B:会选择在船头部分的人,在你的心底深处,一直都抱着"想要到外地去旅行"的念头。所谓的船头这个地方正代表着想移动的愿望;建议你不妨到国外走走或是泡泡温泉也不错。如果这两样都暂时没办法实现,那去看海也是很好地解除压力的方法。相信若是那样做,你的压力就会被风吹散了。

C:船舱是乘客聚集的地方,也就是传达信息的地方。会选这个答案的人,最适合你的消除压力的好方法就是和朋友们在一起。当你感到郁闷或是心情黯淡的时候,不妨在朋友们面前把你心中不满的话全部说出来。

(五)你的心理健康吗

下列问题中,每题有4个备选答案,请根据你的实际情况选择一个最适合你的答案:A. 表示最近一周内出现这种情况的日子不超过一天;B. 表示最近一周内曾有1—2天出现这种情况;C. 表示最近一周内曾有3—4天出现这种情况;D. 表示最近一周内曾有5—7天出现过这种情况。

1. 我因一些事而烦恼。
2. 胃口不好,不大想吃东西。
3. 心里觉得苦闷,难以消除。
4. 总觉得自己不如别人。
5. 做事时无法集中精力。
6. 自觉情绪低沉。

7. 做任何事情都觉得费力。

8. 觉得前途没有希望。

9. 觉得自己的生活是失败的。

10. 感到害怕。

11. 睡眠不好。

12. 高兴不起来。

13. 说话比往常少了。

14. 感到孤单。

15. 人们对我不太友好。

16. 觉得生活没有意思。

17. 曾哭泣过。

18. 感到忧愁。

19. 觉得人们不喜欢我。

20. 无法继续日常工作。

每题答 A 记 0 分,答 B 记 1 分,答 C 记 2 分,答 D 记 3 分。各题得分相加,统计总分。

答案:

A:16 分以下,说明你可能有轻度的心理问题,可尝试着进行自我心理咨询。

B:16 分以上,说明你有较严重的心理问题,这时应考虑到医院进行心理咨询。

(六)健康情绪自我心理测试

1. 我有能力克服各种困难

A. 是的(2 分)　　B. 不一定(1 分)　　C. 不是的(0 分)

2. 猛兽即使是关在铁笼里,我见了也会惴惴不安

A. 是的(0 分)　　B. 不一定(1 分)　　C. 不是的(2 分)

3. 如果我能到一个新环境,我要

A. 把生活安排得和从前不一样(0 分)

B. 不确定(1 分)

C. 和从前相仿(2 分)

4. 整个一生中,我一直觉得我能达到所预期的目标

A. 是的(2 分)　　B. 不一定(1 分)　　C. 不是的(0 分)

5. 我在小学时敬佩的老师,到现在仍然令我敬佩

A. 是的(2 分)　　B. 不一定(1 分)　　C. 不是的(0 分)

6. 不知为何,有些人总是回避我或对我很冷淡

A. 是的(0 分)　　B. 不一定(1 分)　　C. 不是的(2 分)

7. 我虽善意待人,却常常得不到好报

A. 是的(0 分)　　B. 不一定(1 分)　　C. 不是的(2 分)

8. 在大街上,我常常避开我所不愿意打招呼的人

A. 极少如此(2 分)　B. 偶尔如此(1 分)　C. 有时如此(0 分)

9. 当我聚精会神地欣赏音乐时,如果有人在旁高谈阔论我会感到恼怒

A. 我仍能专心听音乐(2 分)

B. 介于 A、C 之间(1 分)

C. 不能专心并感到恼怒(0 分)

10. 我不论到什么地方,都能清楚地辨别方向

A. 是的(2 分)　　B. 不一定(1 分)　　C. 不是的(0 分)

11. 我热爱我所学的知识

A. 是的(2 分)　　B. 不一定(1 分)　　C. 不是的(0 分)

12. 生动的梦境常常干扰我的睡眠

A. 经常如此(0 分)

B. 偶尔如此(1 分)

C. 从不如此(2 分)

13. 季节气候的变化一般不影响我的情绪

A. 是的(2 分)

B. 介于 A、C 之间(1 分)

C. 不是的(0 分)

答案:

17—26 分:情绪稳定

你的情绪稳定,性格成熟,能面对现实;通常能以沉着的态度应付现实中出现的各种问题;行动充满魅力,有勇气。

13—16 分:情绪基本稳定

你的情绪有变化,但不大,能沉着应付现实中出现的一般性问题。然而在大事面前,有时会急躁不安,不免受环境影响。

0—12 分:情绪激动

你情绪较易激动,容易产生烦恼;不容易应付生活中遇到的各种阻挠和挫折;容易受环境支配而心神动摇;不能面对现实,常常急躁不安,身心疲乏,甚至失眠等。要注意控制和调节自己的心境,使自己的情绪保持稳定。

(七)如何发掘契合的朋友

相信做完这个测试,你就知道了自己到底跟什么样的人投缘,也就可以帮助你选择朋友了。其实我们在择友方面也不要太挑剔,可以试着结交各种类型的朋友,这样对自己也是一个很好的锻炼和提高,不要局限在自己认为很幸福的圈子里面。俗话说,多个朋友多条路,不要吝啬你的感情,好好编织你的人脉,相信对你的发展一定会有所帮助。

1. 在没有任何熟人的新班级或新环境时:

A. 仍然充满活力→2　　　　B. 觉得有点儿可怕→3

2. 现在的成绩还过得去，但小学时的成绩很好。

A. 是→4　　　　B. 否→5

3. 每次在外面吃饭时，点菜的速度都很慢。

A. 是→7　　　　B. 否→6

4. 看电视时经常会觉得“这个人好笨，如果是我的话就会这么做”。

A. 是→8　　　　B. 否→9

5. 在家闲来无事的时候你会：

A. 看杂志或书→9　　　　B. 看电视→10

6. 移动电话、无线电话、电脑等通信器材，你通常会选择哪一种？

A. 移动电话→8　　　　B. 无线电话→9

C. 电脑→10　　　　D. 什么都不选→11

7. 这两年内，没有担任过班长、组长等“长”字辈的干部。

A. 是→11　　　　B. 否→10

8. 看到别人的事，经常会觉得对方没有抓住要领。

A. 是→12　　　　B. 否→13

9. 如果下辈子可以选择的话，你想成为：

A. 男生→13　　　　B. 女生→15

10. 猫跟狗，你喜欢哪一种？

A. 狗→14　　　　B. 猫→13

11. 如果出租车跟地铁的车费相同，你会搭乘哪一种？

A. 出租车→14　　　　B. 地铁→15

12. 你将来的梦想是：

A. 有固定职业，努力地工作→16

B. 24 岁以后成为家庭中的主导力量→18

C. 没有特别的想法→17

13. 非常注重流行资讯，随时确认自己的装扮。

A. 是→18　　B. 否→17

14. 想要一个人去旅行。

A. 是→17　　B. 否→18

15. 不擅长在很多人面前说话。

A. 是→19　　B. 否→18

16. 觉得自己常常是朋友模仿的对象。

A. 是→A　　B. 否→B

17. 认为歌手应该以课业为重，即使暂时淡出演艺圈也无所谓。

A. 是→B　　B. 否→C

18. 就算参加升旗时突然头晕，也不会告诉旁人。

A. 是→D　　B. 否→C

19. 不管是功课方面或玩乐方面，遇到不懂的事情时，不太敢向其他人请教。

A. 是→C　　B. 否→B

答案：

A 型的人：轻松自在地生活，经常被人依赖，跟喜欢撒娇的人较合得来。你希望自己成为团体当中的领导者，讨厌被朋友差遣，不过你又非常害怕独处。不喜欢落单，能够跟这样的你相处甚欢的，是喜欢撒娇、凡事优柔寡断的女孩。如果她无法自己下决定，必然会向你求助，请你帮忙，听到她对你说："还好有你在！"你的心情就会十分高兴，这样的朋友总是能够让你获得心灵上的满足。

B 型的人：不希望彼此干涉，个性豪爽，跟保持个人主义的人较合得来。你不喜欢跟朋友在一起，有强烈的个人主义，这不是讨厌朋友，只是不喜欢总是和大家腻在一起而已。能跟你合得来的，是像你一样重视私人空间，保持个人主义的人，只在想见面的时候见面，不干涉彼此的生活。在周围人的眼里，会怀疑你们的感情一定不好。别在意周围人的眼光，做你自己就可以了。

C型的人：喜欢跟几个好朋友腻在一起，跟拥有同样兴趣的人较合得来。“所谓好朋友就要一直在一起”，你会跟朋友一起谈论同一部电视剧或流行的话题。这样的你最适合跟拥有同样兴趣、喜欢腻在一起的女孩当朋友，如果对方跟自己用同一个牌子的用品，话题就会源源不断，也就会加深你们之间的感情。你很擅长处理事情，即使两人整天腻在一起也不会发生冲突。

D型的人：希望和领导型人物在一起，跟踏实、开朗、活泼的人较合得来。个性优柔寡断、胆小的你，在团体中很不显眼，由于你的个性较被动，如果别人不约你，你会一整天关在家里，而其实内心却很想出去。做事果断的领导型人物最适合你，他可以帮你判断无法决定的事，并为你打理一切，对方会在这一过程中获得满足感，而你也觉得十分快乐，这样的速配组合会让你们的友情更加坚定。